青春文庫

“自己流”より断然おいしい!

「食べ物」のトリセツ

材料選びから、料理の裏ワザ、プロのコツまで

話題の達人倶楽部[編]

青春出版社

食べ物と料理のこと、きちんと知りたいと思ったら、まず読む本

本書は、新鮮な野菜・果物をひと目で見抜く方法、知らないと恥ずかしい料理の基本、一目おかれる食べ物のうんちくなど、〝美味しい話題〟をまるごと詰め込んだ一冊です。

たとえば、キャベツの千切りをもっと美味しくするひと工夫とは？「適量」と「適宜」、「少々」と「ひとつまみ」の本当の違いとは？冷凍ごはんがもっと美味しくなる「ラップ技」とは？お好み焼きをひっくり返すプロのコツとは？などどれも知っておいて損のない話が満載です。さらに、災害など緊急時にあって、何をどうつくり、どう食べ、どう片付けたらよいのか、そのポイントも紹介しました。

食べ物とは一生のおつきあい。食べ物の知識は一生モノの財産――。本書で、プロの知恵とコツを身につけて、〝自己流〟を一歩抜け出せば、食べること、料理をつくることが断然おもしろくなること、間違いなしです。

２０２４年１月

話題の達人倶楽部

〝自己流〟より断然おいしい！「食べ物」のトリセツ■目次

1 食べ物を買う——13

目　次

4 料理を楽しむ、食を味わう——183

5 盛りつける、並べる、片付ける、保存する

6 上品に食べる、おいしく食べる ―― 277

7 緊急時に備える

付録 おいしいネタのおさらい帖

本文イラスト■坂木浩子
構成■桜井裕子
DTP■フジマックオフィス

1

食べ物を買う

Using this book,You Can
Understand All the Respected
Tricks of Cuisine!

おいしいアスパラガスは「はかまの三角形」でわかる

新鮮なアスパラガスを手に入れるなら、3つのポイントをチェックするといい。

1　穂先がまっすぐで締まっているか？
2　切り口が白くてみずみずしいか？
3　茎の上についた三角の「はかま」がほぼ正三角形で均一に並んでいるか？

鮮度が落ちたものは穂先が開き気味で見た目に元気がなく、切り口は乾燥して黄色っぽく変色している。3つ目の「はかまの三角形」は、栽培農家のプロが見逃さないポイントだという。

穂先の形、切り口の色、はかまの形、すべて条件が揃えば文句なし。

アスパラガスには、血管を丈夫にするルチンや、悪玉コレステロールの酸化をおさえるグルタチオンなど、動脈硬化に有効な栄養素もたっぷり。特にルチンの含有量がぐんと高まる春は食べどきだ。

すぐに鮮度が落ちてしまうので、2〜3日のうちには食べきってしまうこと。保存は冷蔵庫で。穂先を上に向け、立てて保存するのが原則。

たくさん種類があるトマトのカシコい選び方

数ある野菜の中でも種類の多さが際立っているのがトマト。スーパーやデパ地下の野菜売り場をのぞくと、サイズも形も色も変化にとんでいて驚く。

トマトというと赤色のイメージが強いが、色は赤、桃、黄の主に3種があり、ミニトマトの中には鮮やかなグリーンやオレンジもある。形も丸型にかぎらず、卵型あり、洋ナシ型あり。あまりに多くてブランド名を覚えられないほどだが、日本国内だけでも100種類以上の品種があり、世界中でみれば8000種類以上！　数え切れないほどの品種が各国に存在していることになる。

サラダから煮物、炒め物まで、応用のきくトマトだが、生食用として日本でいちばんポピュラーな品種は「桃太郎」。桃色（ピンク）系の大玉トマトで、クセのないまろやかな風味が人気の秘密だ。小ぶりのフルーツトマトやミニトマトも生食向きで、名前の通りフルーツのような甘みがある。

トマトに含まれる「リコピン」という赤い色素には強い抗酸化作用があり、最近は生活習慣病の予防食としても注目の的だ。

トマトを選ぶときは「おしりの星」に注目する

赤色が鮮やかでツヤのあるトマトには手を伸ばしたくなるが、色ツヤの他に、もうひとつ鮮度を見極めるポイントがある。それが「おしりの模様」。トマトのおしり部分には「スターマーク」という星のような模様が放射状に広がっていて、この形がはっきりしたトマトは、甘くて味のバランスもいいのだ。ついでに、ひっくり返して反対側にも注目。ヘタの部分の緑色が鮮やかでピンとしていたら、新鮮な証拠。これからは、おしりの星、ヘタの色の両方をチェックしよう。

パーツによって味が違う大根のカシコい買い方

スーパーの野菜売り場に行くと、1本まるごと売っている大根もあれば、上下でカットしたハーフサイズもある。その場合、どれを買うかは、作る料理や味の好みで決めたほうがいい。

たとえば、大根おろし用にちょっと欲しいというとき、「甘みのある大根おろしが好き」なら上半分、「辛いほうが刺激的で好き」なら下半分がおすすめ。

なぜなら、大根は部位によってかなり味が変わるからだ。同じ1本の大根でも、上と下では、なんと10倍以上も辛さが違う。辛みのもとになる物質の量や酵素の働きに違いがあるためで、葉に近い上の方は甘く、下に行くほど辛くなる。歯ごたえも上下で変わり、葉に近い頭の部分ほどシャキッと噛みごたえがあり、真ん中はいちばんやわらかい。

この部位別の特徴を料理に生かすと、サラダや酢の物などの生食に向いているの

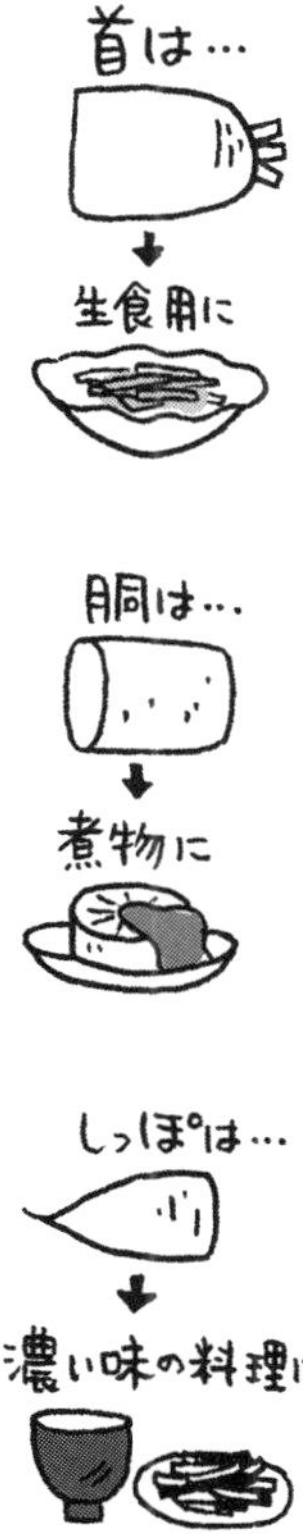
首は…
生食用に
胴は…
煮物に
しっぽは…
濃い味の料理に

は、首のほう。ふろふき大根やおでんなど、厚切りにして作る煮物に合うのは、胴のあたり。そして、薬味用にしたり、きんぴらやみそ汁など濃い味の料理に合うのは、しっぽのほうである。うまく食べ分けることが、大根料理をおいしくする基本。「どこを食べても同じ」と思ったら大間違いだ。

おいしいキャベツの〝顔つき〟を一発で見抜く方法

キャベツを買うとき、何を基準に選んでいるだろうか？　たくさんある中で「当たり」を選ぶには、色やハリのチェックは欠かせない。どの野菜にも共通することだが、色が鮮やかでぴちぴちした印象なら、それは当たりのサイン。

キャベツの場合、さらに〝裏の顔〟と旬ごとのチェック法も覚えておきたい。

裏の顔というのは「芯の切り口」のこと。まず、ファースト・インプレッションで目にとまったおいしそうな顔つきのキャベツを手に取る。

次に、これをひっくり返して芯の切り口に注目。もし、切り口の色が白くてみずみずしい印象ならばマル。赤く変色しているものは、収穫から時間がたっているので、選び直したほうがいいだろう。

さらに旬ごとのチェックだが、春キャベツは、外側の緑色が濃く、巻きがゆるくて葉のやわらかいもの、冬キャベツは、巻きが硬くてずっしり重量感のあるものが新鮮。丸ごとではなく、カットして売られているキャベツは、葉のすきまをチェック。できるだけ密に詰まったものを選べば間違いない。

新じゃが、新タマネギ……「新」に合うのはどんな料理？

新じゃがは3月〜4月にかけて、新タマネギは4月〜5月半ばにかけて出荷される。普通のじゃがいもやタマネギは秋から冬にかけて収穫されたものが貯蔵され、必要に応じて出荷されるが、「新」がつくほうは収穫されてすぐに出荷される。料理も、その新鮮さを意識したい。

まずは新じゃが。皮がところどころ剥がれているくらいのものが、より新鮮だ。

普通のじゃがいもは包丁で皮をむくが、こちらは皮が薄いので、たわしでこするくらいで充分。小ぶりのものなら皮ごと揚げたり、丸のまま煮物にして食べる。どちらかといえばサラッとした食感なので、粉ふきいもやポテトサラダには向いていない。

新タマネギは扁平で、通常のものより白っぽいのが特徴。表皮の薄皮がよく乾いたものを選びたい。濡れた感じのものは腐りやすいので避けたほうが賢明だ。

水分が多くてほんのり甘いので、そのシャキシャキした食感と味を生かす料理を選びたい。オニオンスライスやサラダなどの生食がオススメだ。

カレーにいちばん合うじゃがいもの種類は？

じゃがいもは、種類によって味や食感も違うが、カレーでよく使われるのがメークインと男爵だ。

メークインは長い卵型ででこぼこが少なく、食感はねっとり。一方の男爵は、丸型で表面にでこぼこがある最もポピュラーな品種。こちらは、ほくほく感が魅力だ。好みで使い分ければいいが、煮くずれしにくいのはメークインのほう。そこで、カレーやシチューなどの煮込み料理にはメークインがよく選ばれる。

ではポテトサラダに合うじゃがいもは？

ポテトサラダ用のじゃがいもなら、男爵がおすすめ。男爵は幅広い料理に使えるが、煮くずれしやすいため、煮込み料理よりサラダやマッシュポテト、コロッケなど、くずして使う料理に向いている。

おいしさを引き出すコツは、皮つきのまま水からゆでること。すると中のほうにじっくり火が通り、ほくほくに仕上がる。ゆで上がったら、すぐ皮をむくこと。

おいしいニンジンは「白い筋」の並び方でわかる

ニンジンを買うとき、色ツヤと共に、次の二カ所もチェックするといい。

まず、「軸の切り口」。ここが細くて赤みを帯びているものは新鮮でおいしい。完熟で栄養が詰まったニンジンだ。

もう一つのチェックポイントは、表面の「白い筋」の並び方。

白い筋は「細根《さいこん》」といって細い根が出てくるところだが、これが縦一列に行儀よく並んでいれば買い！　目利きは、ここを必ずチェックするというから、プロのお墨付きをもらったようなものだ。

ニンジンは、畑の土の中をゆっくり回転しながら成長する。土が良質でやわらかければ回転はスムーズになり、細根の並びがまっすぐになる。一方、土が硬いとうまく回れず、細根の並びが不規則になってしまう。

つまり、規則的に並んだ白い筋は、ストレスフリーで快適に生育できた証拠。だからおいしいのだ。

赤のピーマンと緑のピーマン、その違いは何？

英語で「スイートペッパー」と呼ばれるピーマンは、日本風にいえば〝甘唐辛子〟。ただし、おなじみの緑のピーマンは、ちょっと苦みがあるので、子どもにはあまりウケがよくない。

一方、赤ピーマンは甘みが強いのが特徴。それもそのはず、赤は緑が成長した姿で、収穫しなければ、緑のピーマンはいずれ赤ピーマンになる。そこで、成長過程の緑は青臭く、熟した赤は甘みが増すというわけだ。

ピーマンはもともと栄養価が高い野菜だが、ビタミンC、E共に、赤が緑を上回る。ただし、緑には緑の魅力があり、赤より血液をサラサラにする効果が高いというデータも。それに、あの苦味は料理の味を引き立ててもくれる。要は、両者をバランスよく食べることが大事。サラダや炒め物に、料理の彩りにと、赤にも緑にも活躍の場はたくさんある。

よく似た野菜に「パプリカ」があるが、これはれっきとしたピーマンの仲間。つまりは大型ピーマン。赤や黄色など色味も華やかだが、食べてみると普通サイズのピーマンより肉厚で甘みが強いという特徴がある。こちらも、サラダや炒め物など、幅広く応用できる。

「ヘタが六角形」のピーマンは五角形のものより甘い

前述のとおり緑のピーマンは苦みが強いが、数ある中から甘味の強いものを探すコツがある。「ヘタの形」を見ればいいのだ。

実はピーマンのヘタの形はすべて同じではなく、五角形や六角形のもの、あるいは、もっと角が多く円形に近いものもある。そのうち、六角形以上のものは、五角形のものと比べて甘い。栄養をたっぷり吸収し、よく熟したピーマンは、花びらもヘタの数も多くなるからだ。中には、五角形のヘタの倍近く糖度が高いものもあるという。しかも、ヘタがピンとはって元気そうなら鮮度も間違いなし。

甘味の度合いがヘタでわかることはあまり知られていないが、覚えておくと買い物するとき役に立つ。

アボカドを買うならおさえたい「タイミングの法則」

アボカドをよく食べる人は、熟れすぎたり固すぎたりして「今日のは失敗」と思った経験があるだろう。「森のバター」と呼ばれるこの果物、食べごろは本当にバターのようになめらかな食感だが、そのタイミングをはずすと、食感も味も大違いでがっかり。食べごろを確実に選ぶには、どこを見抜けばいいのか？

ポイントは、「色」と「弾力」。

まず色。青っぽいものはまだ未熟なのでパスし、全体に黒みがかり、ハリ・ツヤのあるものを選ぶ。次に、手に持ってみて適度にやわらかいかどうか。特によく確認したいのがヘタの部分。ヘタのまわりを軽く押してみて、ちょっとへこむようならOK。すでに中身もやわらかくなっているので食べごろと判断できる。ただし、ヘタのまわりや全体が黒すぎるもの、ふにゃっと感じるほどやわらかいものは、熟しすぎか傷んでいるのでやめたほうがいい。「ほどほどのやわらかさ」が、やはりベストなのだ。

もし買ってきたアボカドが固ければ、熟すまで数日待つこと。室温におけば、徐々に熟してやわらかくなり、いずれ食べごろがやってくる。

バラ、ヒレ、ロース……その部位にはどんな〝持ち味〟が？

スーパーの精肉コーナーに足を運ぶと、牛、豚、鶏、挽肉、と各種の肉が並び、いろいろな部位ごとに分けて売られている。

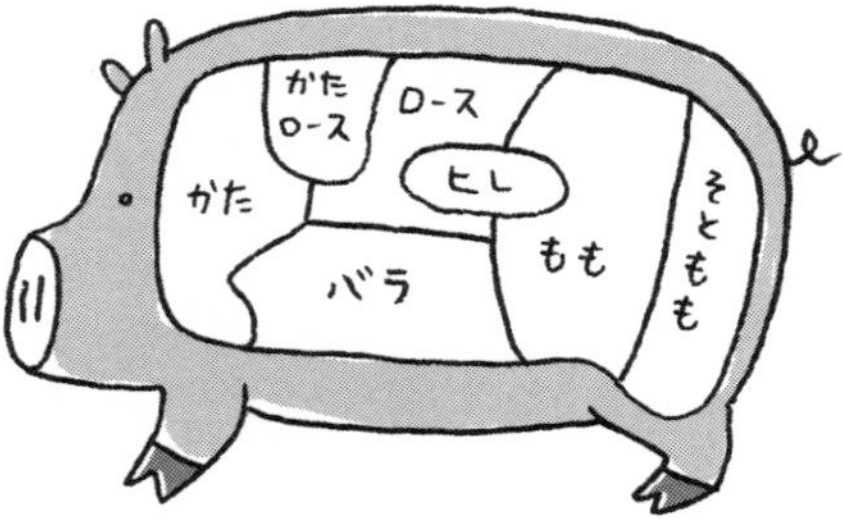

いつもは、あたりまえのように目的の肉を手に取りカゴに入れるわけだが、改めて「バラ肉ってどこの肉？」と問われたら、「あれっ、どのへんの肉だっけ!?」と戸惑う人もいるだろう。
「バラ肉」というのはアバラ骨周辺の胸からおなかにかけての肉。このあたりは、赤身と脂肪が層になっていて、脂肪がたっぷりある。背中の中央の肉が「ロース」で、やわらかくてコクがあるのが特徴。隣り合った「かたロース」も赤身と脂肪がほどほどのバランスで、肉質はやわらか。そして「ヒレ」は、背中からおなかの中間あたりの大腰筋と呼ばれる筋肉で、いちばんやわらかくて脂肪は少なめ……と、部位ごとに脂肪のつき方ややわらかさに違いがみられる。ここまでは、豚も牛も同じ。
では「スペアリブ」は？　そう、豚肉の骨付きバラ肉のこと。

豚肉でいうと、かたロースはほとんどの料理に対応できるが、とんかつやソテーならロースやヒレ、しょうが焼きならロース、煮込み料理なら赤身肉のももやかた、角煮や豚汁ならバラ、というように、料理に合った部位を選べばおいしさが増す。

「黒豚」を名乗ることができる豚ってどんな豚？

「黒豚」と聞くと、普通より高級そうなイメージがある。おなじみのピンク色の豚とはいったいどこが違うのだろう？

その正体は、文字通りの〝黒い豚〟。鼻先と尻尾、足首だけは白いのだが、他はすべて真っ黒い体毛に覆われている。これだけなら特にありがたみはないが、実は一度に産む子豚の頭数が普通の豚に比べて少ないため、希少価値がある。しかも生育がゆっくりなので出荷されるまでの期間が長く、飼育に手間ひまがかかるというのが特徴だ。

こうして育てられた黒豚の肉質は筋繊維が細いうえにやわらかく、うまみ成分のアミノ酸や糖質をたっぷり含んでいる。

希少価値がありうまみが違うというので、黒豚は豚肉の中のブランド品となったのだ。通常の豚肉より値段が高いのは当然だろう。

農林水産省の定義によると、特に「純粋バークシャー種同士の交配」によって誕生した黒い豚だけが「黒豚」を名乗ることを許されている。産地としては鹿児島をはじめとした九州地方が有名だ。

そもそも「和牛」と「国産牛」とは違うのか

「黒」がブランドであることは牛肉も同じだ。

「黒毛和牛＝高級」というイメージは定着しているが、その和牛の姿はというと、鼻も尻尾も黒、頭から足先まで黒ずくめの牛である。

肉質は普通の牛肉より筋繊維が細く、脂肪とのバランスも絶妙。大理石模様の美しい霜降り肉は「世界一」といわれるほど。

よく知られるところでは、高級和牛の代名詞である「松阪牛」や「近江牛」が黒毛和牛。これらは、黒毛和牛の地域ブランドということになる。牛肉も高級志向にあり、黒毛和牛はいまや国内で生産される和牛の9割を占めているそうだ。

つい混同されがちだが、「和牛」と「国産牛」は別ものである。

国産牛は一定期間以上日本で育てられた牛全体を指すのに対し、和牛は日本国内で生まれ育った牛のこと。国産牛の中には、外国で生まれ日本で育った牛も含まれているわけで、一般的に「和牛」は「国産牛」よりも高級とされている。

贅沢《ぜいたく》気分を味わうなら、やはり黒毛和牛なのだ。

リブロース、サーロイン……これがステーキの基本常識

牛肉は、もともとの牛の体が大きいぶん、多くの部位に分かれている。バラやヒレ、かたロースなどはP26でも触れたが、ステーキでおなじみの「リブロース」や「サーロイン」はどのあたりかわかるだろうか？

どちらも〝最上級〟と形容される部位だが、リブロースがあるのは、背中の真ん中あたり。そして、リブロースの後方にあるのが「サーロイン」だ。

リブロースは「霜降り」とも呼ばれ、脂肪のバランスがいいのでとてもやわらか

く、うまみもたっぷり。ステーキの他、しゃぶしゃぶ、すき焼き、ローストビーフ、と大活躍している。

サーロインの方は、ステーキのためにあるような肉で、やはり赤身と脂肪がほどよく混ざり合っている。正式には「ロイン＝腰肉」。かつてこの肉を食べたイギリス国王が、あまりのおいしさに「サー」という称号を授け、「サーロイン」になったという逸話も残されている。薄切りにすれば、しゃぶしゃぶにしてもおいしい。

「ランプ」も場所がイメージしづらいが、サーロインの隣の腰の後方にあり、やわらかくて上質な赤身肉。ステーキのほか、タルタルステーキなど生食にも使われている。

つまり、かたロース↓リブロース↓サーロイン↓ランプの順で、首からしっぽにつながっているわけだ。

おいしい肉とさえない肉を見抜くチェックポイント

どんな種類の肉にも共通するチェックポイントは、次の3つ。

1　パックの中に、赤い肉汁が流れ出ていないか？
2　肉の色が黒ずんでいないか？
3　赤身と脂肪の差がはっきりしているか？

売り場をよく見回して、肉汁（ドリップ）がたくさん出ているもの、黒ずみが気になるもの、赤身と脂肪の境目があいまいなものは鮮度は低いので、買わないほうがいい。

要は、見て「おいしそう」な肉は食べてもおいしく、おいしく見えないものは、食べてもいまひとつということだ。

視覚は正直なので、その直感はたいてい当たる。古い肉ほど色が悪くなるのは、肉の中のミオグロビンという色素たんぱく質が酸化するため。鮮度は必ず色にあらわれるので、よく目をこらして選ぶことが大切。

種類別に見ていくと、牛肉は赤身の部分が鮮やかな紅色かどうか、ツヤがあるか、脂肪が白か乳白色で粘りがあるか、などもチェック。豚肉は、赤身がつややかなピンク色なら鮮度よし。脂肪はやはり白か乳白色で、ピンクとの境目が鮮明なものを選ぼう。鶏肉も、やはりピンク色でツヤのあるものは鮮度が高い。

鶏の「ささみ」がどの部位か知っていますか？

「ささみ」という名前を聞いただけだと「どの部位の肉か」は想像しづらいだろう。

正解は、胸の前方についた肉のこと。

「ささみ」と呼ばれるのは、この部位の形が笹の葉に似ているからだ。鶏の肉の中でも脂肪分が少なめでやわらかく、たんぱく質はたっぷり。刺身にも向いているし揚げても炒めても茹でても……と応用が利く。さっぱりヘルシーな肉料理が食べたいときには、買って間違いない食材だ。

鶏肉の他の部位も簡単に見て行くと、ささみをのぞいた「むね肉」もやはりヘルシーで、揚げ物や蒸し物にも○。

「もも肉」は、脂肪が多く味はしっかりめで、唐揚げや煮込み料理に最適。

「手羽」はコラーゲンが豊富で、美肌効果でも注目されている。骨からもうまみが溶け出すので、煮込み料理におすすめだ。

「こま切れ肉」「切り落とし肉」ってそもそも何？

精肉売り場に行くと、牛肉や豚肉の「こま切れ」が、比較的安価で売られている。その正体は、スライス肉などをカットした際の切れ端を混ぜた物。いろいろな部位の切れ端を集めているので、厚さや大きさもさまざまで、混ぜることでおいしさも増す。つまり、炒めものや煮込みなど万能に使えて、お得感の高い肉ということだ。

よく似た言い回しの「切り落とし肉」もあるが、こちらは、特定の部位をカットしたもの。大きさはばらばらでも肉の厚さは均一になっている。やはりスライス肉より安価で、お得感あり。好みと調理の目的に合わせて選びたい。

脂がのった魚は〝小顔でイケメン〟と心得る

目利きに言わせると、魚をおいしく感じる決め手は、脂の香りだという。嗅覚が脂の香りに反応し、おいしいと判断するわけだ。

一尾魚の場合、その脂の量は「顔」にあらわれる。

体の大きさに対し、顔のバランスが小さいかどうかを見ればいいのだ。栄養状態のいい魚は、頭部の後ろに脂をたっぷり含んで背中が盛り上がってくるため、顔は締まって見える。だから、おいしい魚が食べたいなら、小顔を選べ！なのだ。

おいしい魚がひと目でわかるチェックポイント

今夜のおかず用に魚を買うとする。売り場に行って一尾魚を選ぶとき、いちばん簡単なチェックポイントは「目」。新鮮な魚は目が澄んで輝きがあり、黒目がはっきりしている。つまり、キレイなのだ。

逆に、鮮度が落ちているものは、目が白く濁っていたり、赤みがあったり、落ち窪んでいたりと、何だかどよ〜んとした印象。

もう一つ、よく確認したいのが「おなか」。見た感じピンとしてハリがあれば、鮮度がよく身がしまっている証拠。魚は内臓から傷みが進んでいくので、おなかが痩せてぷよぷよになっているものは要注意だ。

さらに、「全体」のハリとツヤはあるか、「尾」がピンとしているかどうか、なども鮮度を知る決め手になる。まずは目とおなか、ついでに全体から尾と見ていき、すべて合格点なら文句なし。イワシ、サンマ、アジ、サバなど、一尾魚はすべてこの方法でチェックできる。

「切り身魚」は判断が難しいが、ぱっと見て弾力やツヤがあるものを選ぶようにしたい。

おいしいサンマは「尾」が教えてくれる

一尾魚に共通する鮮度チェックは前項の通りだが、さらに魚ごとの特徴を知っておけばかなりの目利きになれそうだ。たとえば秋が旬のサンマ。チェックポイントは、やはり「尾」。

おいしいサンマの共通点は尾が黄色く、全体に厚みがあって大きいこと。その色の正体は、脂に溶ける色素。おいしいサンマは脂がのっているので、その脂が体から尾のほうまで流れ出て、色が変わる。つまり尾が黄色くなっていたら、「あふれるほど脂がのってますよ」というサインなのだ。

脂を十分に蓄えたサンマは、背中のあたりが盛り上がり、身がしまって見える。特に、秋はこれらの条件を備えたおいしいサンマと出会えるものだ。

サンマの脂には、ＥＰＡ（エイコサペンタエン酸）、ＤＨＡ（ドコサヘキサエン酸）といった血液をサラサラにする脂肪酸をはじめ、タウリンというアミノ酸の一種やビタミンＡ、ビタミンＤなど、体にいい成分がたっぷり。新鮮なものは塩焼きのほか、刺身やタタキで食べてもおいしい。

プロが教える最高の「切り身」を瞬時に選ぶコツ

日本人はマグロが大好きな国民なので、「サク」で購入する機会も多いだろう。サクというのは、刺身にする前の大きな長方形の切り身のこと。年末になると「正月用のごちそうに」とマグロのサクを買い求めるお客さんで、鮮魚売り場はごったがえす。そんなとき、瞬時においしいマグロを見抜くコツとは?

まず「筋目」に注目。サクの表面には白い筋が入っているが、そのラインの入り方がまっすぐ「横」で、筋と筋の間隔の広いものは良質のマグロだ。次に、「斜め」に筋が入っているものも品質がいい。逆に、筋目の幅が狭いものや、筋が半円状(U字)やV字状に入っているもの、あるいは筋がくっきり目立ちすぎるものは尾に近い筋っぽい部分。

幅の広い平行線と斜め線は○。幅の狭いU字線やV字線は×。つけ加えれば、ツヤと透明感があるものは○。

これだけでも覚えておけば、一気にマグロ通。口の中でとろけるようなおいしいマグロを持ち帰れるだろう。

簡単にエビの鮮度を見極めるプロのワザ

エビは、古くなると頭の中にあるみそが黒ずんでくる。そこで、有頭エビを買うときは、生にしろ冷凍にしろ、まず「頭」の色を確認すること。黒ずんだ感じがなく、つけ根がしっかりしているものなら◯。

また、鮮度の落ちたエビは殻と身の間の隙間が目立ち、全体にしまりがなくなってくるので、その点もチェック。見た目に元気がなく、透明感もいまひとつというエビは、味もさえないということだ。

無頭エビはどうするかというと、「尾」でチェック。鮮度の落ちたエビは、頭の次に尾も黒ずんでくるため、やはり黒ずみのないものを選びたい。また、殻のふちが黒くなっているものも避けたほうがいい。

むきエビになると判断がちょっと難しくなるが、できるだけ身が厚くぷりんとハリのあるものを探そう。

生食用と加熱用……鍋にするならどっちのかき?

「今日はかき鍋だ」というとき、いつも買うのは「生食用」と「加熱用」のどちらのパックだろうか？　その違いは、養殖が行われた海域と殺菌のレベル。

まず、生食用の方は生で食べることが前提なので安全第一。食中毒の心配がないよう、大腸菌などの細菌が少ない「指定海域」で養殖される。厳選された清浄な海域でのみ、作ることが許されているのだ。市場に出回るときは、殺菌処理ずみの海水と共にパック詰めに。念には念を入れて滅菌するので、そのまま生食して大丈夫。

一方の加熱用は火を通して食べるのが前提なので、特に海域の指定はなし。ただし、加熱すれば滅菌できるので問題はない。加熱用の利点は全体にむき身が大粒で、熱しても縮まりすぎず食感がしっかりしていること。また、水気を切ってパック詰めされるものが多いので、うまみも凝縮されている。

素人だと「生食用＝新鮮」と考えがちだが、生食なら生食用、鍋やフライなど加熱する料理なら加熱用と、食べる目的に応じて素直に選べばいいわけだ。

なぜすき焼きといえば、普通の豆腐より焼き豆腐？

すき焼きの具材といえば、焼き豆腐、ネギ、春菊などが代表的。

では、なぜすき焼きには普通の豆腐より焼き豆腐がいいのか？

素朴な疑問だが、理由は簡単。普通の豆腐だと水っぽくなってしまうからだ。

豆腐の80％以上は水分なので、せっかく肉からうま味が出ても、豆腐によって薄められてしまう。

ただし、焼き豆腐はもともと表面を焼いているので水気があまり出ない。煮汁を薄めず、肉のコクを引き立ててくれるので、すき焼きのパートナーにふさわしいのだ。しかも、焼き豆腐は煮込んでも形がくずれにくく、味がしみていいあんばいに仕上がるのも利点だ。

木綿、絹ごし、おぼろ……豆腐はこう選ぶのが正しい

大豆に水を加えてつぶしてから煮出し、これを搾れば豆乳。豆乳が熱いうちに凝固剤のにがりを入れると、プリンのように固まる。それを切り分けて水にさらしたものが「絹ごし豆腐」だ。舌触りが絹のように滑らかなのが特徴である。

水にさらさないで直接汲み上げたものは「おぼろ豆腐」、容器に入れて固めたものが「よせ豆腐」。固まった豆乳をくずして木綿の布を敷いた型に入れ、重しをして水分を抜いたものが「木綿豆腐」。こうして、ちょっとずつ違う豆腐が出来上が

るのだ。

絹ごし豆腐は、水分量が多いので型崩れしやすく、炒め物には不向き。冷奴や和え物にはオススメだ。

木綿豆腐は固めで味に歯ごたえがあるので、炒め物、煮物、白和えなど豆腐料理全般に向いている。おぼろ豆腐やよせ豆腐は、そのまま食べたり汁の実や椀だねに。

栄養面はというと、どれもコレステロールはゼロ。ダイエットの強い味方なのだ。また、豆腐に含まれるレシチンは脳の老化を防止し、大豆イソフラボンは美肌効果があるなど、やはり健康効果は高い。

たんぱく質やカルシウムは木綿の方が多く、カリウムは絹ごしの方が多いなど違いはあるが、大差はなし。料理の目的に合わせて選ぶのがいいだろう。

LとS、赤玉と白玉……見た目ではわからない卵の話

卵の売り場をのぞくと、殻の色が赤茶色っぽい「赤玉」と真っ白い「白玉」があるし、サイズも大小いろいろ。ただし、外見は違っても、中身の方はほとんど変わ

らない。

まず殻の「色」が違うのは、単に鶏の品種が違うからだ。エサや飼育環境が同じなら、中身の栄養価や味に大差はなし。つまり、違うのは外見だけ。ただし、赤玉のほうは産卵数が少ないため、値段は白玉よりちょっと高めになっている。

卵の「サイズ」は、SS、S、MS、M、L、LLまでの6段階。これは農林水産省が決めた全国一律の規格。このサイズの違いは、卵を産む鶏の年齢（日齢）と関係していて、成長するにつれて大きな卵を産むようになっていく。サイズが大きいと、当然、中身の分量も増える。

同じ目玉焼きを作っても、小さいサイズの卵で作れば小さな目玉焼き、大きいサイズで作れば大きな目玉焼きになるのだ。ただし、栄養価自体は変わらないので、あまり大小を気にすることはないだろう。

中の栄養面が違うのは「ヨード卵」で、餌のヨード分（人体に必須のミネラル）を強化することで、中身のヨード分の割合を多くしている。ヨードは髪をきれいにする成分なので、美容効果の高い卵といえそうだ。

「新米」はいつをもって「古米」になるのか

秋になると、お店に「新米」のシールが貼られたお米が並ぶ。このシールにつられて、思わず手が伸びるが、食べてみるとやっぱり新米はおいしい。では、新米と古米はどこで線引きされるのだろう?

基準となるのは、農林水産省が定めた「米穀年度」。年度の開始は11月1日で、翌10月31日までの1年間が一区切りになっている。つまり、この期間内に収穫された米は、すべてが「新米」、その前年度のものは「古米」と定義づけされることになる。

ただし、同じ年度生まれでも、あえて「新米」と表示されるのは、収穫から2カ月程度の米に限られる。だから、正真正銘の生まれたての新米を食べたいなら、シールつきのものが狙い目。

もう一つの目安として、お米には「精米年月日」が表示されている。つまり〝お米デビューの日〟。この表示をチェックし、できるだけ新しいものを選ぶことも、おいしい新米を手に入れるコツ。

新米がおいしいわけは、水分をたっぷり含んでいるから。古米になればなるほど水分含有量は低下し、炊いてもパサパサになりやすい。やはり、水分量は若さの決め手なのだ。

甘いイチゴを選ぶなら、ヘタをチェックする

イチゴを選ぶとき、「まず色を見る」という人は多いだろう。赤い色が鮮やかなイチゴは、いかにも甘くておいしそうだ。ただし、プロが真っ先に見るのは、色よりもむしろ「ヘタ」の部分だという。

ヘタが青々として、ピンと反り返っているものは○。

そのうえで、色鮮やかでひとつぶの赤さが均一かどうか、表面のつぶつぶ（種）が見た目にはっきりわかるかどうかなどをチェックする。すべての条件を満たしていれば、申し分なしの◎。ヘタがしなだれて元気のなさそうなイチゴは、手に取ってはいけない。

「白い粉」をまとったぶどうは鮮度よし

ぶどうの皮の表面をよく見ると、白っぽい粉がついている。一見、農薬や汚れかと思うかもしれないが、その心配は無用。むしろこれは、「鮮度よし」というサイン。もちろん、そのまま食べても大丈夫だ。

この白い粉の正体は、「ブルーム」といって、病気や乾燥から身を守るために実の中から自然と出てくるもの。そこで、ブルームがしっかりついているほど新鮮で味もいいぶどうと判別できる。

他に、枝の緑色が鮮やかなもの、持ち上げても房がぱらぱら落ちないものは高品質のぶどうだ。

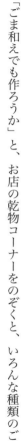

黒ごま、白ごま、金のごま……相性のいい料理は？

「ごま和えでも作ろうか」と、お店の乾物コーナーをのぞくと、いろんな種類のごまが並んでいる。白ごま、黒ごま、洗いごま、いりごま、すりごま……。ありすぎて迷う。

色は白、黒、金（黄）の三種類あるが、これらは種子の外皮の色の違いである。色の他に大きな相違はないが、白ごまはやや小粒で油分が多く、黒ごまは大粒で香りは強め。金ごまは、油分はほどほどで香りはいちばん強い。この料理には絶対コレ、と限定する必要はないが、ごま塩は黒ごま、ごま油は白ごま、そして懐石料理なら風味豊かな金ごま、というように、それぞれに適した用途があることも確か。ごま和えはどの種類でも合うので、料理の色とのバランスや好みで選べばいいだろう。

加工法でみていくと、あらかじめすってある「すりごま」やペースト状の「練りごま」は簡単に利用したい人向き。ごま本来の風味を楽しむなら、ごまを洗って乾かしただけの「洗いごま」、または洗いごまを炒って作る「いりごま」がよく、食べる直前にすりつぶして使う。

ごまは良質のたんぱく質やビタミンE、必須脂肪酸（リノール酸）など、栄養の宝庫。健康のためにも、毎日とりたい食材の一つだ。

冷麦と素麺は同じ？　違う？

冷麦も素麺ものどごしで味わう夏の味覚だが、見た目もそっくり。違いはいったいどこにあるのだろう？　結論からいえば、冷麦よりも素麺の方が細い。その太さはＪＡＳで定められていて、素麺は直径が１・３㎜未満。冷麦は直径１・３㎜以上、１・７㎜未満ということになっている。微妙な違いである。

どちらも小麦粉に塩と水を加えてこねたもの。機械麺と手延べ麺があり、機械麺の場合は生地を細く切って乾燥させるのに対し、手延べ麺は食用油を塗ってから引き延ばし、乾燥・熟成させる。手延べ麺はゆでたあとでよく水洗いをしなければならないが、これは油分を落とすためだ。なお手延べ麺に限り、１・７㎜未満であればどちらの表示をしてもいいことになっている。ちょっとややこしいが、手延べ麺については、冷麦と素麺は「ほぼ同じ」と考えていい。

ところで、直径１・７㎜以上の麺はなんと呼ばれるか？　正解は「うどん」である。

とろけるチーズととろけないチーズはどこが違う？

数あるチーズの中でも、とろけるタイプととろけないタイプは何が違うのだろう？

答えは単純明快。チーズをつくるときのかきまぜ方の違いだった。

とろけるチーズ、とろけないチーズは、種類でいうとプロセスチーズ（加工チーズ）で、原料は同じナチュラルチーズ。加工するときは、ナチュラルチーズを熱して溶かし、かき混ぜてから固める。

つまり、ナチュラルチーズはもともととろける性質があるのだ。

では、とろける、とろけないの分かれ目はというと、かきまぜる速さだ。

やさしくゆっくりかき混ぜれば、たんぱく質の分子構造が壊れず、そのままとろけるチーズになる。

もともとたんぱく質のつながりがゆるいので、ちょっと熱するとすぐとろける仕組みになっているのだ。

一方、激しくかき混ぜると、分子構造そのものが壊れてしまうため、とろけないチーズになるというわけだ。

トマトピューレとケチャップ、今日の献立に合うのは？

パスタのトマトソースをつくるなら、トマトピューレ。オムライスやハンバーガーにつけるなら、トマトケチャップ。このあたりの選択は、難なくできる人がほとんどだろう。では、この二つ、何が大きく違うかというと？

「トマトピューレ」は、トマトを裏ごしして濃縮し、うまみやコクを強調したもの。味はついていないので、これをベースにトマトソースを作るなど、いろいろな料理に応用できる。このトマトピューレをさらに濃縮したものが「トマトペースト」だ。

一方、「ケチャップ」はトマトの加工品で、濃縮トマトにタマネギやニンニク、砂糖や塩、スパイスなどを加えたもの。調理ずみで味がついているので、出来上がった料理にかけて使うことが基本だ。

白こんにゃくと黒こんにゃく、使い分けって必要？

こんにゃくの色には白と黒の二種類あるが、原料は同じで、こんにゃく芋から作った粉がベースになっている。違いはどこにあるかというと、実は、色を加えるか加えないかの違いだけ。黒こんにゃくの方には、ヒジキなどの海藻類の粉末を加え、色をつけているのだ。

もともと黒こんにゃくは生芋から作ったのが始まりで、芋の皮が混じることで黒っぽくなったのだという。この元祖黒こんにゃくに似せて海藻類で色づけしたのが、今ほとんどの店で売られている黒こんにゃくの正体だ。黒と白の使い分けのルールは特にないので、好みや他の材料との色のバランスを考えて選べばいい。

ミネラルウォーターの「ラベル」の読み方をご存じですか

日常的に飲んでいるペットボトル入りの水は、正式にいうとすべてが「ミネラルウォーター」というわけではない。似てはいるが〝ミネラルウォーター類〟と呼べば正しくなる。

水のボトルを買うとき、試しにその「品名」をチェックしてみよう。「ナチュラルウォーター」「ナチュラルミネラルウォーター」「ミネラルウォーター」「ボトルドウォーター」いずれかの表示があるはずだ。

これは農林水産省が定めたガイドラインによる区分で、4種をまとめて「ミネラルウォーター類（容器入り飲料水）」と呼ぶのだ。

それぞれ何が違うのかというと、ナチュラルウォーターは、特定の水源からとれた地下水のことで、ろ過、沈殿、加熱殺菌以外の処理は行っていない。ナチュラルミネラルウォーターは、ナチュラルウォーターの中でも地層中の無機塩類が溶け込んだ地下水のこと。ミネラルウォーターは、ナチュラルミネラルウォーターをベースにミネラル分の調整や複数の原水を混ぜ合わせるなどして、品質を安定させたもの。ボトルドウォーターは蒸留水や水道水など、原水が地下水以外の容器入り飲料水のこと。

つまり、4種の違いは原水の種類と処理方法の違い。ミネラルウォーター類といっても、ミネラル成分についての規定があるわけではないのだ。

丸くないのに、どうして丸大豆？

丸大豆しょうゆは「大豆をまるごと」仕込んでつくるしょうゆのこと。「丸のまま」だから丸大豆なわけで、もちろん特別丸い形だったり、丸大豆という品種を使っているわけではない。

しょうゆに使われる原料は2タイプに分かれ、一つが「丸大豆」でもう一つが「脱脂加工大豆」。脱脂加工というのは、まるごとの大豆から油をしぼって加工すること。

市販されているしょうゆのうち、約80％が脱脂加工大豆、約20％が丸大豆を使用しているといわれる。

味の違いを一言でいえば、丸大豆の方は「まろやか」、脱脂加工大豆の方は「すっきり」。

――どちらを選ぶかはお好みで。

「薄口しょうゆ」ってそもそも何が薄いの？

「しょうゆ」といえば、一般に「濃い口しょうゆ」を指す。ほとんどの家庭で常備してある基本の調味料。これに対し、「薄口しょうゆ」は素材を生かしたい煮物や汁物など料理に応じて使うため、いざ使おうとしたら「ない」、または「切らしてた」ということになりやすい。

そんなとき、濃い口しょうゆと塩があれば、あわてて買いに走る必要はなくなる。実は、薄口しょうゆの「薄口」は、〝色の薄さ〟を示している。香りも控えめなのだが、塩分については濃い口より1～2％ほど多いのが特徴。勘違いしやすいが、薄口といっても味のほうは「濃い」というわけだ。

そこで、濃い口しょうゆを薄口として代用する場合、味を濃くするために塩を加える。レシピに書いてある薄口しょうゆの量より濃い口の量を減らし、そのぶん味見をしながら塩を加えていくのがコツ。塩分控えめがよければ、塩はほんのひと振り程度にし、濃い目が好きな人は、ちょっと多めにして。このしょうゆの引き算と塩の足し算の調整で、味がそれらしくなり、即席の〝薄口しょうゆ風〟が出来上がる。

「生じょうゆ」は何が生なのか？

同じ「生醬油」と書いても、「きじょうゆ」と「なましょうゆ」の二通りがあるのをご存じだろうか？「きじょうゆ」は、他の調味料を加えたり薄めたりしていない、まじりけのない純粋なしょうゆのこと。一方の「なましょうゆ」は、熟成させたあとの原料（つまり、もろみ）を絞ったまま、従来行っていた加熱処理（火入れ）をしないのが特徴。加熱せずに微生物だけを取り除く技術から生まれたニュータイプのしょうゆというわけだ。文字通り生のままなので、香りが高く、まろやかな味わいだ。刺身やお寿司にもよく合う。

バージン、エキストラ……オリーブオイルの見分け方

イタリア料理に欠かせない「オリーブオイル」は、一言でいうとオリーブの天然

ジュース。オリーブの果実を搾るだけのとてもシンプルな方法で作られているオイルだ。

　種類が多く値段にもかなり差があるが、日本で利用されているオリーブオイルは大きく2タイプに分けられる。一つが「バージンオリーブオイル」で、もう一つが「ピュアオリーブオイル」。バージンオリーブオイルは100パーセント天然の〝一番搾り〟で、生のままサラダやパスタにかけても、加熱してもおいしく食べられる。ピュアオリーブオイルの方は、バージンオリーブオイルと精製したオリーブオイルのブレンドで、炒め物や揚げ物などの加熱向き。

　では、「エキストラ・バージンオリーブオイル」は？

　頭に「エキストラ」がつくのは、やはりバージンオリーブオイルの中でも最高級品。オリーブオイルは「酸度（遊離オレイン酸の割合）」が低いほど上質とされるが、バージンオリーブオイルが酸度2パーセント以下なのに対し、エキストラ・バージンオリーブオイルは酸度1パーセント以下。厳しい検査をパスしただけあって、搾りたての味が凝縮され、風味も香りもよくとてもフルーティ。

　どのオリーブオイルを選ぶかは、生のまま使うか、主に加熱して使うか目的を決めてから。生の味にこだわるなら、やはり「エキストラ」を試してみたい。

ウスター、中濃、とんかつ……ソースの正しい揃え方

日本で「ソース」といえば、ウスターソース、中濃ソース、とんかつソースの大きく分けて3種類がある。その違いは、「とろみ」と「味」。

イギリス生まれのウスターソースは、いちばんサラサラでスパイスの効いた辛口。日本人好みにアレンジされたとんかつソースはいちばんとろみがあり、味はソフトでほんのり甘い。同じく日本発の中濃ソースはウスターとかつの中間で、ほどほどのとろみ、辛さ、甘さが特徴。

これらのソースの主原料は、トマト、ニンジン、タマネギなど数十種類の野菜や果物。そこにスパイスや調味料を加え煮込んで作るが、固形成分を除いてサラッと仕上げたのがウスターソース。煮込んだ液にコーンスターチなどのでんぷんで粘りをつけ、トロッとさせたのがとんかつソース。つまり、仕上げのプロセスとスパイスや調味料のバランスで、三者三様のソースになるわけだ。

ウスターソースは隠し味としても重宝するし、中濃ソースは煮込み料理に使うとコクが出る。とんかつソースは、やはり揚げたてのフライに。とろみの効果で衣にしみ込まず、サクサクのまま食べられる。お好み焼きに合うのも、このタイプだ。

赤みそ、白みそ、信州みそ……みその正しい揃え方

一口に「みそ」といっても種類が多く、色の濃いものも薄いものもある。原料はどれも大豆と塩と麹だが、大豆と塩に米麹を加えて発酵させたものが「米みそ」、麦麹を使ったのが「麦みそ（田舎みそ）」、大豆そのものに麹を生やして作るのが「豆みそ」。

つまり、みそは麹の種類と製法で大きく3種類に分かれ、麦みそは九州や四国、豆みそは東海地方、米みそは北海道・本州・四国というように、生産地ごとの特色がみられる。子どもの頃食べていたみその種類を聞けば、相手の出身地がなんとなく想像できそうだ。

いちばんスタンダードなのは米みそだが、同じ米みそでも「白みそ」、「淡色み

そ」、「赤みそ」の3種類がある。白は京都の「西京みそ」、赤は「仙台みそ」、淡色は全国的に親しまれている「信州みそ」が有名。これら色の違いは熟成度の違いによるもの。みそは熟成期間が短いものは白く、長くなるほど赤黒く変化していくのだ。味のほうは米麴の割合が多い白みそは甘く、赤みそは辛口、淡色みそはその中間。料理によって種類を限定する必要はないので、好きな味を選んでかまわない。米みそと麦みそを混ぜてみそ汁を作るなど、2種類をブレンドすれば、うまみが引き出されてなおおいしい。

カロリー控えめマヨネーズを買う前におさえたいこと

一家に1本の必需品となったマヨネーズ。カロリー控えめの「カロリーハーフ」のマヨネーズもあるが、こちらは正しくいえば「マヨネーズタイプの半固体状ドレッシング」。マヨネーズと〝マヨネーズタイプ〟いったい何が違うのだろう?

まず、マヨネーズの主原料は「植物油」と「卵」と「酢」。このうち、油と酢は本来混じり合わない関係だが、卵がこれを結びつけ、「乳化」という作用でトロリとしたマヨネーズが出来上がる。一方、カロリーハーフは油の量を減らし、その代わりにコーンスターチなどのでんぷんや各種調味料を加えてある。つまり、アレンジしたマヨネーズ。スタンダードなマヨネーズはこってり感が特徴だが、カロリーハーフのほうは、なめらかでさっぱりした味わいだ。

ＪＡＳ（日本農林規格）では、マヨネーズに厳密な定義をもうけ、でんぷんなどを加えたものは「マヨネーズ」と表示できないことになっている。そのため、カロリーハーフは見た目や使い方はマヨネーズと変わらなくても、マヨネーズタイプになるわけだ。

こってり感が恋しいときはマヨネーズ、おなかの脂肪が気になるときはカロリーハーフというように、上手な使い分けを。

こしょうを正しく買い分けるちょっとしたコツ

「スパイスの王様」と呼ばれるこしょうは、多年生のこしょうの木の実を乾燥させて作る。店のスパイスコーナーに必ず置いてあるのが「黒こしょう」と「白こしょう」の2種類だが、黒と白では色だけでなく風味も違う。

黒は香りや辛みが強く、白は香りも辛味もマイルド。ただし、黒こしょうと白こしょうは、もともとは同じこしょうの実から作られている。種類が違うわけではないのだ。

では何が違うかというと、収穫のタイミングと乾燥の仕方。こしょうの実は未熟なうちは緑色、熟すと赤色に変わるが、熟す前の緑の実をとって皮ごと乾燥させたものが黒こしょう。そして、完熟した赤い実をとって水に浸し、皮を取り除いてから乾燥させたのが白こしょうだ。そのため、若い実で作る黒こしょうの方がワイルドな香りがし、刺激も強くなるというわけ。

一般に、肉料理と合うのはスパイシーな黒こしょう。白身魚や鶏肉をはじめ、どんな料理にも合うのが白こしょうだ。

意外と大事な「みりん」と「みりん風調味料」の違い

料理に甘みを加えたり、てりやツヤを出すときに使う「みりん」だが、昔は「甘い酒」として飲まれていたという。その証拠に、「本みりん」には「酒類」の表示があり、アルコールが14%前後含まれている。

昔ながらのみりんは、もち米に米麹と焼酎などのアルコールを加えて作るため、法律上は立派な酒類になるのだ。

ただし、現在はよく似た「みりん風調味料」もよく使われている。〝風〟というくらいなので、こちらは糖類に調味料や香料を加えて作るみりんもどき。アルコール分はほとんど含まない。つまり、みりんとみりん風の大きな違いはアルコール量と製法。みりん風は酒税がかからないぶん、安価で手に入れやすい。

他に、「発酵調味料（醸造酒みりん、みりんタイプ調味料ともいう）」もあるが、これは天然のみりんに塩分を加え飲用できないようにしたもの。そのため酒類からは除外される。

天然のみりんの強みはアルコールによる作用で、煮崩れを防いだり、魚の臭みを消すことができる。

みりん風の方は、おすましを作るときや、料理の仕上げ用としておすすめ。

小麦粉と片栗粉のおいしい使い分けのコツ

小麦粉と片栗粉は似て非なるもの。小麦粉は精白した小麦を挽いた粉なのに対し、片栗粉は精製したでんぷんの粉で、現代は主にじゃがいもから作られる。

どちらも揚げ物などに使うが、食感の違いを一言でいえば、小麦粉は「ふわっ」、片栗粉の方は「サクサク」とした衣に揚がる。そこで、小麦粉はてんぷら、片栗粉はタレに漬けこんでから揚げる竜田揚げなどが適している。メニューに合った買い分け、使い分けを。

小麦粉とてんぷら粉のおいしい使い分けのコツ

てんぷら粉は、カラッと揚がるようにベーキングパウダー（膨らし粉）やコーンスターチなどを添加したもの。小麦粉と片栗粉のいいところを合わせたような商品で、時間がたってもぺたっとせず、おいしさが長持ちする。

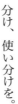

他に、から揚げ粉、お好み焼きミックス粉なども小麦粉ベースの商品で、料理の目的に応じてタンパク質の割合や添加する原料を調整している。

強力粉、中力粉、薄力粉は、どこがどう違う?

一口に小麦粉と言っても、強力粉、中力粉、薄力粉など、いろいろな種類がある。その違いは、小麦に含まれるグルテンというたんぱく質の量。グルテンは独特の粘り気を生み出すので、「粘り気の違い」とも言える。

グルテンの量が少ない順に、薄力粉、中力粉、強力粉。

いちばん粘り気の少ない薄力粉は、クッキーやケーキなどの菓子類やてんぷらに適している。中力粉はうどんやお好み焼き、粘り気の強い強力粉はパンづくりなどにあう。

日常の料理なら、薄力粉一つあれば事足りるだろうが、やはり目的に応じた使い分けを。

賞味期限は誰がどうやって決めているのか

食品の期限表示には「賞味期限」と「消費期限」の2種類があるが、この違いがわかるだろうか？

簡単にいうと、消費期限は「安全に食べられる」期限の目安。弁当、惣菜、調理パン、魚介や肉などの生鮮食品のほか、だいたい5日以内に悪くなる「いたみやすい食品」に表示される。「期限を過ぎたら安全が保証できなくなり、食中毒を起こす危険がありますよ」という警告なので、この表示があれば、必ずその日までに食べきってしまうことだ。

一方の賞味期限は、「おいしく食べられる」期限の目安。卵や牛乳、缶詰など、比較的「いたみにくい食品」に表示される。期限内に食べるのがベストだが、少し期限を過ぎたからといって、食べておなかをこわすわけではない。

もちろん、賞味期限も消費期限も、「未開封で、記載された正しい方法で保存した場合」という条件つき。この〝期限〟は公的な機関が決めているわけではなく、食品加工メーカーや販売業者らの責任で設定することになっている。

個々のやり方で安全性を確認するための検査を実施し、「ここまでなら食べて大丈夫」という期限を、ゆとりをもって設定・表示しているのだ。食品を買った都度、期限のチェックは忘れずに。

賞味期限の表示がない食品の賞味期限は？

食品の賞味期限と消費期限をチェックしてみると、表示があるものとないものがあることに気づく。たとえば、まるごと売っている野菜や果物、アイスクリームなどは、どれも期限表示が見当たらない。

なぜかというと、野菜や果物は誰が見てもいたみやすく、鮮度が見分けられる食品なのに対し、アイスクリームは長くおいても悪くならない食品だから。つまり、正反対の理由で期限が未表示になっているわけだ。

そもそも、賞味期限と消費期限の表示は、加工食品と生鮮食品の一部についてJAS法で義務づけされている。ただし、加工食品でも、アイスクリーム、ガム、砂糖、塩など「ほとんどいたまない食品」にかぎっては、表示しなくていいことになっているのだ。

アイスクリームを例にとると、マイナス18℃以下で保存すれば、1年たっても品質はほとんど劣化しない。つまり、昨年や一昨年に買ったものでも問題なく食べられる。ただし、冷凍庫の扉の開け閉めで溶けかけたり、水分がとんでしまったり、と知らず知らずのうちに劣化が進む可能性もある。そこで、ある程度時間がたったものは、色や品質の変化がないかどうか必ず確認してから食べるのが鉄則。たとえ無期限であれ、できるだけ早めに食べたほうが安心は安心だ。

2

食材を使う

Using this book,You Can
Understand All the Respected
Tricks of Cuisine!

ブロッコリーの芯は捨てるものではなく食べるもの

ブロッコリーは、つぼみ部分だけでなく茎までまるごと食べられる野菜だ。茎を捨ててしまうのは、栄養のかたまりをみすみす捨ててしまうようなもの。

ブロッコリーの茎は、つぼみと同様にビタミンやミネラルなどの栄養素がたっぷり。ビタミンCの量はレモンの2倍ほどだというから、食べなきゃ損だ。

茎を食べるときは、まずつぼみと茎を切り分け、表面の硬い皮を厚めにむく。中はやわらかいので、繊維に沿って縦に切れば食べやすい。ボイルしたり、炒めたりと調理の応用が利くが、さっとゆでてドレッシングをかけるだけでも十分おいしい。

つぼみをくずさずにカリフラワーをカットするコツ

ブロッコリーとよく似た形のカリフラワーは、白くこんもりした花つぼみが特徴的。このつぼみをぼろぼろこぼさずにカットするコツは、裏側から切ること。

まず外葉を取り除いて、太い茎を切り落とし、茎のある裏側から包丁を入れて小房に分けていく。こうすればつぼみをくずさず、無駄なく使える。ビタミンCやカリウムが豊富で栄養も満点。積極的に摂るようにしたい。

ひと手間で差がつく長ネギのみじん切り攻略法

ざるそばなど薬味に欠かせない長ネギのみじん切り。細長いので一見刻みにくそうだが、「切り込み」のワザで、もっとラクになる。

一つ目は「縦の切り込み」。まず包丁の刃先で縦に数本の切り込みを入れる。次に、切り込みと直角に端から細かくトントンと刻んでいく。これだけで、簡単にみじん切りが完成。切り込みが少なければ粗めのみじん切り、切り込みが多ければ細かいみじん切りになる。

二つ目は「斜めの切り込み」。こちらは、まずネギの側面に斜めに細かい切り込みを入れていく。今度はひっくり返して反対側も同じようにする。その際、包丁の入れ方に注意し、下まで切り落とさないようにすること。あとは簡単。端から普通に切っていくだけで自然とみじん切りが出来上がる。

ダメなのは、やたらと包丁を入れて細かくする切り方。刻みすぎると、粘りが出て食感が悪くなってしまうので気をつけて。この2通りの方法なら粘りの心配もなく、確実にスピードアップできる。

たけのこの白い粉を洗い流してはいけない

日本の春野菜を代表するたけのこ。とれたてほどやわらかでおいしいが、皮をむいてカットすると、切り口に白い粉が……。ただし、これを洗い流してはいけない。

白い粉の正体は、「チロシン」というアミノ酸の一種で、ドーパミンなどのホルモンの材料になる物質。ドーパミンはやる気や集中力を高める作用があるので、たけのこは受験生にももってこいの食材なのだ。

おすすめの調理法は、たけのこごはん。チロシンは糖質（炭水化物）と一緒にとると吸収率が高まり、しかも、たけのこをたっぷり加えることで糖質の摂り過ぎもセーブできる。脳力を高めながら、ダイエットもできて一石二鳥だ。

レタスの葉が簡単にはがせる5つの手順

レタスを食べるとき、どんな手順で葉をはがしているだろうか？　多いのは、外側から一枚ずつ順にはがしていくやり方だろうが、あまり効率的とはいえない。

作業を手早く済ませるには、「芯の部分からむく」のが正しい。どういうことかというと、手順は、次の通り。

1　まるごと1個のレタスを両手のひらで包むように持つ。

2　両方の親指を使って芯の部分をギュ～ッと押し込む。

3　葉から芯が離れたら、ねじるように回しながら芯を抜いてしまう。芯が硬くて指だけで処理できなければ、包丁の先を使ってくり抜いてもOK。

4　今度は、芯をくりぬいた部分にザーッと流水を当てる。葉と葉の間に自然と水が流れ込み、葉がペロッとはがれやすくなる。

5　葉の間に水が入ったら、レタスを逆さにする。水気をよく切り、外側から一枚ずつ葉をはがしていく。

つまり、芯を先に取っておけば、「はがす」、「洗う」という作業が同時にさっとできてしまうのだ。もちろん、ちぎるときは「手」を使って。

変色しないようにレタスを切るなら、手でちぎる

ていねいに切ると、変色しやすくなる不思議な野菜がレタス。

レタスを包丁で切ってそのままにしておくと、切り口が赤茶色に変わっていくが、手で雑にちぎったレタスは変色しにくい。

なぜこんな違いが生じるのだろう？

まず、この変色は専門的には「褐変」と呼ばれる現象。レタスをカットすると、ポリフェノールをはじめとした細胞内の物質が空気にさらされる。これによって酸化現象としての変色が起こるのだ。

褐変を防ぎたいのなら、包丁ではなく手でちぎった方がいい。包丁でスパッと切るのに比べ、手でちぎったレタスの切断面はギザギザで不規則。そのため、細胞が

破壊されにくく、酸化の速度もゆっくりになるわけだ。

さらに、褐変にストップをかけるなら、水が有効。レタスをサラダなどに利用するときは、手でちぎって水にさらせば鮮度を保ちやすくなる。ただし、あまり長い時間水につけるとビタミンCが壊れてしまうので気をつけて。

タマネギを切る前の〝冷蔵10分〟がもたらす効果

タマネギを切っていると、目がひどくしみたり、涙がボロボロ出てきたりする。

その涙の仕掛け人は揮発性の硫化アリルという辛味のもとになる催涙物質。タマネ

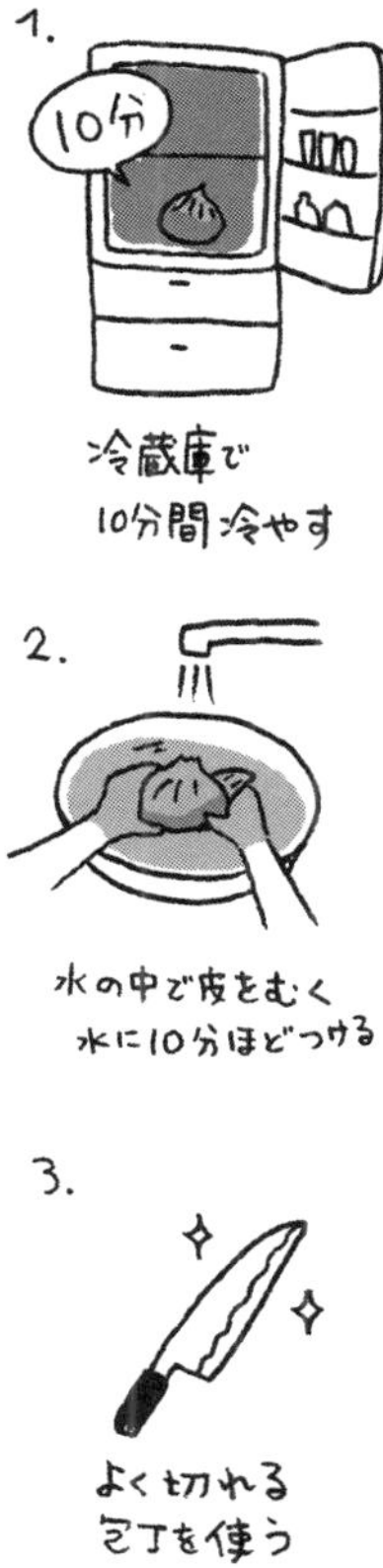
1.
10分
冷蔵庫で
10分間冷やす
2.
水の中で皮をむく
水に10分ほどつける
3.
よく切れる
包丁を使う

ギを切ると、この物質が切り口のつぶれた細胞から空気中に流れ出すため、目の粘膜がそれをキャッチして涙が止まらなくなってしまうのだ。

涙を流さずにタマネギを切る方法だが、簡単なのは次の三つ。

1　切る前に冷蔵庫で10分間ほど冷やす。

冷やすことによって、硫化アリルの流出をおさえるのが狙いだ。

2　水の中で皮をむき、切る前に10分ほど水につけておく。

これは、催涙物質が水に溶けやすい〝水溶性〟という性質を利用した対処法。つまり、涙の原因物質を水に溶かしてから切るわけだ。

カットするときは水気があるときに手早く。包丁もぬらしておき、水のベールで包んで切るのがコツ。

3　よく切れる包丁を使う。

涙と切れ味は、深く関わっている。切れない包丁だとタマネギの繊維がつぶれて催涙物質が流出しやすくなるので注意。

三つのうちどれか一つでもいいが、まとめてやれば、効き目は確実にアップ。もう絶対泣かない覚悟で、お試しを。

「きのこは水洗いしなくていい」というのは本当か

野菜は調理する前に洗うのが普通だが、きのこに関しては「洗わない」のが基本。市販されるほとんどのきのこは無菌状態の屋内で栽培されるため、洗わなくても衛生的。しかも、きのこは水洗いすると水気をよく吸うため、せっかくの風味がとんでしまう。そこで、むしろ「できるだけ洗わないほうがいい」食材といえるだろう。

それでも、汚れが気になる場合は？　しいたけやマッシュルームなどは、傘の上からトントンと軽くたたいてひだの中の汚れを落とし、表面はぬらしたふきんやペーパータオルで軽くふき取っておく。

石づきを取り除くのはそのあとだ。えのきだけのように、軸の中におがくずが入り込んでいる場合は、ほぐしながら手で汚れを払い落としていく。「まったく洗わないのはちょっと……」というなら、後述するように水でさっと流し、すぐに水気をふき取る程度にしておくこと。

例外はなめこ。独特のぬめりがあるので、そのヌルヌル感を軽く取り除いたほうが食べやすくなる。ざるに広げてさっと水洗いしてから使おう。

しいたけは調理の前に天日干しでうま味が増す

その日のおかずにしいたけを使うとき、調理前にあることをすると、ワンランク上の質のいいきのこに変わる。

そのあることとは、天日干し。カサを上にして日当たりのいい所に1～2時間ほど並べておく。たったこれだけで、さっそく変化が。しいたけはもともとビタミンDが豊富なきのこだが、日光に当たるとその生成が促され、乾燥させることでうま味や香りも増す。ビタミンDが増えれば、カルシウムの吸収もよくなるなど、相乗効果も期待できる。少しの手間を惜しまずに挑戦してみよう。

「キャベツの千切り」を、ひと工夫でもっとおいしく

今さらだけど、キャベツの千切りを手早くきれいに仕上げる手順は、

1　まず、一枚ずつはがして洗い、硬い芯は切り落とす。
2　1枚を3～4等分にカット。このとき、繊維に沿ってタテに切ると、シャキッとした食感、ヨコに切ると繊維が断たれるためソフトな食感になる。切り方ひとつで口当たりが変わるので、好みで使い分けするといい。
3　切りやすい枚数だけ重ねて千切り開始。このとき、小さくカットした葉を下にし、大きい葉で巻き込むようにすると固定されてラク。一方の手で押さえながら、端から1～2㎜幅で細かく切って行く。

切ったキャベツはすぐ冷水にさらし、シャキッとさせて完成。一生使うテクニックなので、繰り返しやってコツをつかんでおこう。

「タマネギのみじん切り」の基本は根元を残して切る

もうひとつ、出番の多いワザが「タマネギのみじん切り」。手間のかかる印象があるかもしれないが、基本をおさえればさっとできる。

1　芽の方を少し切って皮をむき、縦半分にカット。

2　面を下に、根元を向こう側に向けて置く。根元近くまで縦に細かく切り目を入れる。

3　90度回転させ、横から2～3カ所切り込みを入れる。このとき根元を切り離さないように注意。

4　ここまでくれば、あとは簡単。端から薄く切ると、切った先からみじん切りになる。根元のまわりも無駄にせず、放射状に切れ目を入れてから細かくカット。

全体をもっと細かくするなら、利き手でない方の手で包丁の刃先を押さえ、包丁を持った利き手を上下に動かしながらトントンと切り刻んでいく。

この手順で確実にやれば、みじん切りもらくらく完成。

えのきは袋ごと切って水洗いするのがコツ

えのきを使うときは、下処理として石づきのカットが必要だが、まな板をいっさい汚さずに取り除く早ワザがあるのでご紹介。

まず、まな板にえのきを袋ごとのせ、石づきの部分を袋ごとざっくりカット。根元はけっこう雑菌が多いので、長めに切り落としたほうがいい。

切った石づき部分はそのまま捨て、使う方を蛇口の下にもってきて、袋の中に水を流し入れる。細かい石づきや汚れを洗えば、下処理は終わり。中身を出して、さっそく料理が始められる。

この方法、袋ごと切ったり洗ったりできるので、石づきがボロボロこぼれたり、材料がばらつくことがない。手抜きでも効率よくできるので、おすすめだ。

ざるのいらないもやしの洗い方を知っていますか？

ズボラなのに使えるワザをもうひとつ。次は、ざるもボウルも使わず、もやしを袋ごと洗う方法。

まず袋の上をはさみでカットして開く。そこに水を流し入れ、もやしをじゃぶじゃぶ洗うだけ。洗い流すだけでもいいが、袋の口を手で握って振るようにすれば、しっかり洗える。そのまま袋をひっくり返し、水をじゃーっと流せばおしまい。

あるいは、袋の下の角を少しカットし、そこから水抜きすれば逆さにする手間がはぶける。試してみて、自分でやりやすい方法でアレンジを。時間がないときも、これなら手早く準備ができて大助かり。

アボカドのカットは「縦に二つ割り」がいいワケ

アボカドの真ん中には、大き目の丸い種が一つある。そこで、いきなりグサッと包丁を入れても種に阻まれてうまく切れず、ケガをしやすい。安全・確実にカットするなら、「縦に二つ割り」するのが先。手順として、

1　ヘタの反対側の丸みのある方に縦に包丁を入れ、種に当たるまでぐっと押し込む。

2　そのまま縦にぐるっと包丁を一周させ、切れ目を入れる。

3　アボカドを両手で包むように持ち、切り込み部分から左右互い違いにひねる。

こうすると、難なくパカッと二つに割れ、実と種が顔をのぞかせる。やってみると、意外と簡単。このとき、種は片側の実にくっついたままだが、包丁の刃元の角

を使えばうまくはずせる。皮をむく場合はそのあと。熟れごろのアボカドの皮なら、卵のカラのようにするんと手だけでむけるだろう。

アボカドの実は、空気に触れるとみるみる茶色く変色してしまう。そこで、余ったら変色防止のために切り口にレモン汁をかけ、ラップをしてから冷蔵庫へ。種がついたままのほうがもちがいいので、半分残すなら種つきのほうがいい。

「大根を買ったら、まずは葉を切る」の法則

葉つきの大根を買ってきたら、真っ先にやるべきことがある。すぐに葉の部分を切り落としておくのだ。

根元から葉っぱをすべてカットし、本体の大根は新聞紙に包んで冷蔵庫の野菜室へ。その際、土中にあったときと同じように立てた状態で保存しておく。これが、保存状態をよくするための知恵。大根を新鮮なまま、おいしく食べるための下準備ともいえる。

葉を切り落とすワケは、そのままにしておくと葉っぱが大根の水分を吸い上げて

しまうから。みずみずしさが失われた大根は、水分不足の肌のようにカサカサになり、元気をなくしてしまう。そこで、できるだけ早く葉と白い部分を切り離したほうがいいのだ。ただし、切った葉にもまだ使い道が残されている。

実は、大根の葉は栄養の宝庫。カルシウムや鉄、ビタミンCなどをたっぷり含んでいるので、簡単に捨てたりしないこと。肉や魚介類など好みの材料と一緒に炒めてもいいし、炒ってごまやしょうがを混ぜればおいしいふりかけに。他にも、チャーハンの具にしたり、汁に入れたりと、応用自在。新鮮なうちに料理に使おう。

硬いかぼちゃが面白いように切れる奥の手

かぼちゃは好きでも、「調理は苦手」と考えている人は少なくないだろう。

実際、他の野菜と比べて包丁を入れるのがやっかい。しかも、皮が硬くしまっているほどいいかぼちゃといわれている。質のいいかぼちゃほど、調理するとき力がいるのだが、その力を抜く簡単な方法があった。

事前に電子レンジでチンすればいいのだ。

皮つきのままラップで包み込み、100gにつき600Wで1分強を目安に加熱。丸ごとの場合は時間をちょっと多めに設定すること。少し熱が通ったところでレンジから取り出し、包丁を入れると、力を入れなくてもス〜ッと面白いように切れる。種とワタはスプーンで取り除く。あとは、料理に合わせて適当な大きさに切り分ければ下準備完了。硬いかぼちゃと格闘しなくていいので、料理も楽しくできそうだ。

ただし、加熱したかぼちゃは冷蔵で2〜3日しかもたないので、できるだけ1度に使い切れる分だけ購入すること。2分の1や4分の1にカットしたかぼちゃも売っているので、家族の人数や料理の内容に応じて使い分けを。

サトイモをむくならこの裏ワザは覚えておきたい

サトイモには特有の「ぬめり」があるので、調理人泣かせ。洗って皮をむこうとすると、ツルンと手がすべって思うようにならない……。

ところが、この「ツルン」をなくす方法がある。〝乾かしてから〟皮をむけばいいのだ。

ぬめりが出る理由は水にぬらすからで、乾いてからむけばぬめらない。実に、単純明快。

そこで、水洗いしたらいったんざるに上げ、しばらく置いて水気をカットする。乾いてから普通に包丁やピーラーを使って皮をむけば、ぬめりはなし。もし、乾くまでの待ち時間の計算がめんどうなら、前の晩に洗ってざるに上げておけばいいだろう。

では、買ってきたサトイモを今すぐ調理したいときはどうすればいいのか。

その場合は、やはり電子レンジが味方。サトイモを洗ったあと、ラップで包み、レンジの中へ。６００Ｗで約2分加熱。取り出して上下をカットすれば、あとは手だけでつるんとむけ、手がかゆくなることもない。こちらも、拍子抜けするほど簡単。

サトイモのぬめり成分には血圧を下げたりコレステロールを減らしたりする働きがある。レンジで加熱すれば、そのぬめり成分が流れ出ないため、栄養もたっぷりとれる。一挙両得の調理法なのだ。

しいたけの「石づき」はどこまで取ればいいの？

きのこ料理のレシピを見ると、下準備として「石づきをとる」とよく書いてある。その「石づき」とは、軸の先端の硬い部分のこと。

たとえば、しいたけを料理に使うとき、石づきをとるつもりで軸のほとんどをスパッと切り落としていたら、それは誤り。取り除くのはあくまで食感の悪い先端部だけ。石づき以外の軸は十分使えるし、いいダシも出るので、捨てるのはもったいない。軸の部分だけを細かく刻んでたき込みごはんに入れたり、汁の実にしたりと使い道はいろいろあるのだ。

マッシュルームも、しいたけと同じように軸の先端の泥のついている部分だけをカットする。えのきは、根元から3㎝ほどを包丁で切り落とす。しめじのように、そのままだと切りづらいものはまず小房に分け、先端のおがくずのついたところだけ包丁で削るように取り除いていく。手間いらずなのはエリンギで、事前に石づきを取って売っているので、そのまままるごと食べてOKだ。

干ししいたけをもどし忘れたときは、こうすればいい

干ししいたけを使うときは、調理以前にまず水やぬるま湯で「もどす」という作業が必要。オーソドックスなもどし方は、「一晩水につける」というもの。おばあちゃんの知恵は「ゆっくり、ふっくら」にこだわっていた。

では、忙しい現代人のための「ふっくら、手早く」の戻し方は？　実はいろいろな方法がある。まず「冷蔵庫コース」。干ししいたけを5℃程度の冷水に浸し、冷蔵庫へ。水に浸すときは軸を下にし、浮き上がらないように皿をかぶせておく。水の量は、しいたけがちょうど浸かるくらいが目安。そのまま待つこと3〜5時間。冷やしてもどすと、グアニル酸といううまみ成分が生成されるため、ふっくら、手早くに加え、よりおいしくなるというおまけもついてくる。

もっと時間を短縮するなら、「ぬるま湯コース」。こちらは、30〜40℃くらいのぬるま湯に砂糖をひとつまみ入れるだけ。浸透圧の関係で、15〜30分でみるみるやわらかくなる。ただし「どんこ」と呼ばれる肉厚のしいたけの場合は、もう少し時間

が必要だ。

さらに急ぐときは「電子レンジコース」。ぬるま湯に浸けてラップをかけ、約3分間加熱。たったこれだけ。ただし、このインスタントな方法では軸まではやわらかくならないので、切り落とすことになる。忙しさと好みに応じてコースの使い分けを。

しおれた野菜は〝魔法の水〟でよみがえらせる

台所の隅や冷蔵庫の中で、しなっとしおれた野菜を発見！　そんなときの〝蘇生術〟に欠かせないのが「水」。ただし冷たい水、夏なら氷水を用意したい。

しおれた野菜を冷たい水につけると、浸透圧によって水分が野菜の組織内にぐ～っと入り込み、細胞に張りが戻ってくる。見た目もシャキッと変化。ただし、水がぬるいと細胞内の繊維が水を吸ってやわらかくなってしまうので注意。

しおれた程度にもよるが、キャベツ、レタス、小松菜、ホウレンソウといった葉ものなら30～40分も浸せばピンとはりのある姿がよみがえる。全体がかぶるほどたつぷりの水に浸し、浮き上がらないように布巾などをかぶせておくのがコツだ。そんなに待てないなら、1枚ずつはがしてからたっぷりの冷水に浸す。これで、さらに蘇生までの時間が短縮。このワザがいかせるのは、なにも生で食べるときだけではない。煮たり炒めたりするときも、いったん水に浸してシャキッとさせれば食感がアップする。

野菜は生きもの。鮮度を保つには、一にも二にも水が欠かせないのだ。

しょうがの皮、むく？　むかない？

しょうがを使うとき、いつも皮をむいているなら、それはちょっともったいない。しょうが特有のつーんとした香りや体にいい有効成分は、皮と身の境目に多く含まれ、皮をむくと、そのしょうがの特性が半減してしまうのだ。

そこで、煮魚などの臭みとりや、炒めものの香りづけとして使うときは、皮つきのまま使った方が断然お得。ただし、料理は見た目も大事。薬味用にすりおろしたりあえ物に使うなど、視覚も満足させたいときは、皮をむいてきれいに仕上げるのがいいだろう。目的や好みに応じて、皮の処理を検討してみよう。

野菜の皮は、ちょっとの工夫でまるごと食べられる

しょうがと同様、ほとんどの野菜の皮には中身以上に栄養素が詰まっている。

たとえば、タマネギの皮はポリフェノール（植物の色素や苦み成分）の一種「ケルセチン」の量が圧倒的に多く、血液をさらさらにしたり血管の若返りに効果大。そのままだと食べづらいので煮出してお茶にして飲むなど、ひと工夫で活用できる。

ナスの皮に多く含まれているのはナスニン、かぼちゃの皮やワタの部分に多いベータカロチンなども、高い抗酸化作用で生活習慣病から身を守ってくれる。

ニンジンの場合、皮のすぐ下にベータカロチンやビタミンC、ミネラルなどの抗酸化物質がぎっしり詰まっている。まるごと食べるほか、皮をむいたときは捨てずにもう1品作れば無駄にならない。皮を活かすレシピとして「にんじんのきんぴら」などがおすすめだ。「全体を食べる」ことを意識した調理法を考えてみよう。

タマネギは切り方ひとつで甘くも辛くもなる

タマネギは、縦に切るか横に切るかで、食感や味が微妙に変わってくる。切り方で繊維の状態が変わるからだ。

繊維に沿って「縦」に切ると、繊維がそのまま残るので熱を加えてもシャキッとした食感に。逆に、繊維に対して直角つまり「横」に切ると、繊維が断ち切られるため、熱がよく通ってなめらかな食感に。また、繊維を切ることでタマネギ特有の辛み成分が抜けやすくなり、甘みが出やすくなる。

タマネギは、生で食べると辛みが強く感じられるが、実は甘み成分もたっぷり含まれた野菜である。辛みの陰に隠れているが、本当はイチゴと同程度の甘みを持っているのだ。横にカットしてから炒めると、すぐに辛み成分が分解されるため、早い段階で甘みの方が際立ってくる。そして、よく炒めるほど甘みは強くなっていく。

どちらの方法で切るかは、好みと料理次第。

たとえば、カレーなど、しっかりした歯ごたえを残したい煮込み料理には縦スライス。手早く炒めたいときや、サラダで生食するときは、辛味が抜ける横スライスがおすすめ。

最短でトマトの皮をむくプロのやり方

トマトは皮つきのままでもおいしく食べられるが、皮をむくと舌ざわりがぐんとよくなる。食感がよければ、おいしさも増すものだ。

そこでトマトの皮のむき方だが、包丁だとやりづらいため、「湯むき」をするのが一般的。その方法は、ヘタを取り除いたあと、沸騰した湯にトマトを数秒つけ、皮に〝ひび〟が入ったところで冷水にとるというもの。やってしまえばほんの数十秒だが、もっと簡単なやり方がある。

まず「直火」でむく方法。ヘタの部分にフォークを刺して直接コンロの火にかざし、皮がへなっとしたところで冷水につける。これで皮はスルンとむける。ただし、トマトを何個も使うときは、これだとかえって手間。

そこでもう一つ、ちょっと意外な方法は「冷凍保存」。トマトは冷凍できるが、凍ったまま水につけるか流水に当てれば、自然と皮にひびが入って簡単にむける。

これがいちばんの最短コース。

あらかじめヘタを取りのぞいておけば、あとの処理もラク。トマトは凍ったままでも調理できるので、覚えておくと便利な裏ワザである。

イチゴを洗うとき、ヘタを取る？ 取らない？

イチゴは傷みが早いので、買ってきたら、できるだけ新鮮なうち、香り高いうちに食べたほうがいい。

では、イチゴを洗うとき、ヘタを取る？ 取らずにそのまま洗う？

正解は後者。というのも、ヘタを取ってから水洗いすると、中のビタミンCが水と共に流れ出てしまうからだ。イチゴは、いわずとしれたビタミンCの宝庫。10粒ほど食べれば、1日に必要なビタミンCが摂取できるともいわれる。これをみすみす洗い流してしまうのはもったいない。

食べるときは、ヘタの方から先端へと食べ進めるのがコツ。イチゴの実でいちばん甘いのは先端部なので、糖度の高いところを最後に口に含むのが、通の食べ方なのだ。

スイカが一番おいしくなる切り方のコツ

日本の夏の風物詩といわれる、スイカ。日本人は江戸時代からスイカをよく食べていたそうで、今では、おなじみの大玉スイカをはじめ、小玉、種なし、黄色い果肉など、さまざまな個性のスイカが出回っている。

誰もが求めているのは、甘みがあり、シャリッとした食感のスイカ。この二つの条件が揃えば、間違いなくおいしい。

よく「おいしいスイカは、たたくといい音がする」といわれる。ポンポンと響く音ならOK。鈍い音だと熟しすぎているのでバツ。

見た目でいえば、色が濃い、皮にツヤがある、シマ模様がはっきりしている、などが見極めのポイントだ。カットして売っているスイカなら、果肉が濃くて種が黒いものを厳選するといい。

おいしいスイカを手に入れたら、次はおいしく食べる番。そこでこだわりたいのが切り方。

スイカは真ん中のほうが甘いので、必ず中心部が入るように〝放射状に〟カットする。まるごと一玉買ったときは、まずある程度の大きさに等分し、真ん中から外皮へと包丁を入れて切り分けていく。

こうすれば各ピースに甘さが均等にゆきわたり、みんなが満足できるというわけ。味の格差をなくす切り方なのだ。

柿が一番おいしくなる切り方のコツ

柿という果物は、「甘さ」と「渋味」を併せ持っている。皮と種の部分は渋味があり、特に種はシブオールという渋味成分が含まれた渋さのかたまり。うっかりかんでしまうと、口の中で渋さがわっと広がり、甘さが消されてしまう。

そんながっかりを無くすために、カットにひと工夫を。見栄えよく、甘さを引き立て、渋さは目立たなくする……、そんなちょっとしたコツを覚えておこう。

まず、裏返しにして切る。つまり、ヘタの方を下にして切るのだ。熟れて甘いのは下半分なので、そのやわらかくておいしいところをつぶさずに切ると、食感もカタチもよくなる。

種への配慮も忘れずに。もしナイフが種に当たったらその手前で止め、切らずに手で取り除くこと。種を切ると渋味が果肉についてしまうので注意。

ヘタのまわりはおいしくないので多めにカットし、渋さのある皮は厚くむくようにする。キレイで甘くて渋くない。そんな柿を食卓に出すなら、このカット法が確実だ。

豆腐の「水切り」をさっさと済ませるコツ

豆腐がぷるぷるとやわらかいのは、水分をたっぷり含んでいるから。80％以上は水分なので、焼いたり炒めたりするときは余計な水分を抜いたほうが扱いやすくなる。いわゆる「水切り」である。

冷奴や湯豆腐などはそのまま食べられるが、麻婆豆腐や豆腐ステーキなどは、水切りが不可欠。調理しやすくなるだけでなく、味が濃くなり、うまみも増す。やってみると、水が抜けた豆腐は小さくしぼんで硬くなり、確かにくずれにくくなる。

水切りの方法だが、料理本を見ると、「豆腐をペーパータオルで包み、上から皿をのせて30分ほど置く」なんて書いてある。時間がかかるだけでめげてしまいそうだが、電子レンジを使えばぐっと短縮できる。

まず、豆腐を電子レンジに使用可能なキッチンペーパーで包み、耐熱容器に入れる。そのまま、ラップをかけずに2～3分加熱。「もう少し固めがいいかな」というときは、30秒刻みで様子を見ながら追加の加熱をしてみる。豆腐が大きくて扱いづらければ、半分にカットしてからレンジに入れるといい。

こんにゃくに原則「下ゆで」が必要なのはどうして？

こんにゃくを使った料理のレシピを見ると、必ず「下ゆで」の指示がある。これは、こんにゃくに含まれる「石灰」の臭みや余計な水分を抜くため。こんにゃくはこんにゃく芋を原料に使った加工食品だが、粉状にした芋に石灰水を加えて加熱すると、固まってこんにゃくになる。つまり、凝固剤として必ず石灰を使うのだ。

下ゆでをする場合、鍋にこんにゃくを入れ、たっぷりの湯の中で2〜3分ゆでる。こんにゃくがふわっと浮き上がってきた段階で、火を止めて終了。簡単な下準備だが、これがめんどうなら、もっとお手軽なコースもある。耐熱ボウルにこんにゃくをちぎって入れ、ラップをかけたら、そのまま電子レンジでチン。約2分ほど加熱し、ざるにあげて水気をとるだけ。これで、お湯をわかす手間もなく、下ゆでができてしまう。

石灰臭と水気がほどよく抜けたこんにゃくは、プリプリの口当たり。アク抜きをしたほうが断然おいしくなるので、この下準備だけは欠かさないようにしたい。一般にこんにゃくというと板状のこんにゃくを指すが、糸こんにゃくやしらたきもこんにゃくの仲間。調理のときは、やはりアク抜きのための下ゆでが必要だ。

青菜はフタをしないでゆでるのが原則

ホウレンソウや小松菜など、青菜を色鮮やかにゆでるなら、フタはしないほうがいい。

フタをしてゆでると色が悪くなり、見た目のおいしさが半減。これは、緑黄色野菜に含まれる有機酸の仕業だ。加熱すると酢酸やシュウ酸といった有機酸が溶け出すが、これによってゆで汁が酸性に変わり、色素変化が起こるのだ。

では、フタをしないとなぜいいかというと、有機酸が揮発して、ゆで汁の酸性化を抑えられるからだ。さらに、彩りをよくするポイントは次のふたつ。
・ゆで汁に塩を加える。
・ゆで上がった野菜をすぐ冷水につけ、一気に冷やす。
塩のナトリウムの作用で変色を抑え、冷水で色止め。ここまでやれば完璧。

これを使えばごぼうの「ささがき」が簡単にできる

「ささがき」とは、鉛筆を削るように包丁の刃先で薄くそいでいく切り方のこと。切った形が笹の葉の形に似ているため、笹掻きと呼ばれるようになった。

ごぼうのささがきは、きんぴらや炊き込みごはんに使うとおいしいが、問題はささがきにするときの手間。

上手に手抜きするなら、皮をむくための便利ツール「ピーラー」を使うといい。

まず、泥つきのごぼうの場合は、タワシを使って白い部分がのぞくまでこすり洗い。おいしい部分は皮のすぐ下にあるので、表面の処理はこれで十分。皮を厚くむく必要はない。

次に、包丁の刃先を使って先端５㎝くらいに縦の切れ目を数本入れる。これが細かいささがきをキレイに作るコツ。

ここでピーラー登場。先端からけずっていく。

ごぼうは空気に触れるとすぐ変色するが、これはアク（ポリフェノール系物質）による酸化現象。変色予防策は水にさらすことだが、水を入れたボウルにけずったごぼうを直接落としていけば効率がいい。

切れ目を入れた部分がけずり終わったら、また先端５㎝に縦の切れ目を入れ、同じようにピーラーでけずった先から水の中に落としていく。全部けずり終わったら、あとはざるに上げて水けを切るだけ。

小道具一つで、簡単、キレイ、スピーディーが実現する。もうめんどうだとはいわせない。

さりげなくプロっぽい卵の割り方

卵を割ろうとして失敗したことはないだろうか？　勢いよく割りすぎて、殻まで中に入ってしまったり、黄身までくずれたり……。

こうした失敗の主な原因は、卵を割る場所と力の入れすぎ。たとえば、シンクの角やまな板の角などに卵を当てて割ろうとすると、グシャッとつぶれやすい。つまり、「とがったところに当てて割る」というのは間違い。

実際は、「平らなところ」で割った方がうまくいく。

しかも、力は入れないほうがいい。

では、さっそく実践。まな板や料理台などの平らな面を使い、卵の真ん中あたりにコツンという感じで軽く当てる。力を抜けば、ひび割れも軽めにでき、この段階でグシャッとなる心配はない。

殻にひびが入ったら、そこに両手の親指を当て、容器やフライパンの上からさっと割り入れればＯＫ。

ゆで卵をつるんとむく裏ワザをご存じですか？

ゆで卵の殻をつるんとむくには、ゆでたあとすぐ水にとって急速に冷やすことが原則。

さらに、殻を軽くくずしてひびを入れておくと、むきやすくなる。

やり方は、水を入れた鍋や容器をふってひびを入れる方法が一つ。

もう一つは、まな板の上で転がしてひびを入れる方法。

冷やすスピードと殻をくずすワザで、面白いようにつるんとむける。

うずらの卵のちょうどいいゆで時間とは？

うずらの卵の場合、やはり普通サイズの卵よりゆで時間は短くなる。

目安は、水から入れて約5分。これでかたゆでの状態になるので、固さの好みに応じて、時間を調整すればいい。

ゆで方は、基本的に普通サイズの卵と同じ。水から火にかけ、菜箸でゆっくりかき混ぜながらゆでると、黄身が中心に寄ってきれいな仕上がりに。ゆで上がったら、冷水で急速に冷やす。

さらに、タッパーなどの密閉容器にうずらの卵と冷水を入れ、フタをして上下にシェーク。こうして、殻に傷をつけるとつるんとむけやすくなる。

ゆで卵の常識を覆す意外なワザは「熱湯からゆでる」

ゆで卵は冷水からゆでるのが一般的だが、一方で、いきなり沸騰した湯に入れる方法もある。しかも「意外と殻がつるんとむける」と評判なのだ。

まず冷蔵庫から卵を取り出し、常温に戻しておく。湯を沸騰させ、お玉などを使って卵をそーっと静かに入れる。そのまま好みの固さまでゆでたら火を止める。2分ほどそのまま置いてから湯を捨て、水を入れて2~3分ほどさませば出来上がり。殻をむいて、効果を試してみよう。

普通サイズの卵でも、うずらの卵でも、両方に使える方法だ。

湿気たのりを韓国風にして復活させるワザ

封を開けてしばらくたったのりが、湿気てしんなりしてしまったとき、すぐ再生させるリメイク術をご紹介。

まず、電子レンジでぱりぱり感を復活させる方法。

キッチンペーパーにのりを広げ、ラップをかけずに電子レンジで加熱する。水分をとばすと、30秒ほどでぱりぱりに。ただし、加熱しすぎないように注意。

もう一つは、韓国のり風に変身させる方法。

まずのりの表面に刷毛やスプーンの背を使ってごま油を塗り、塩をパラパラふりかける。下準備ができたら、ごま油を塗った面を上にしてガスコンロの火であぶるか、事前に温めておいたオーブントースターで30秒ほど加熱する。表面がパリッとしたら食べごろだ。ごはんのお供に、ぴったり。

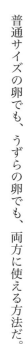

カットの仕方だけで肉がやわらかくなる

肉を食べたときの食感は、切り方一つで変わる。

肉には、筋のような繊維が全体に走っていて、これと同じ向きに切ると「硬い」と感じるものだ。

では、「やわらかい」食感にするには？

まず繊維の流れを確認し、その方向に対して垂直に切るのがコツ。繊維をできるだけ短くすると食べやすくなり、熱の通りもよくなる。

肉の細切りが簡単にできる〝特効薬〟とは？

薄切り肉は下準備が意外とやっかい。切ろうとすると、包丁に肉がくっついたり、肉がくにゃっとゆがんだりしてやりづらいものだ。

攻略法として、まず包丁を「手前に引いて」切ることが一つ。押して切ると肉がゆがんで思うように切れず、切り口もきれいにならない。

さらに、切れ味をよくする特効薬は「水」。切る前に肉の上にさっとひと振り。こうすると水がワックスのように働き、す〜っと包丁がすべるようになる。

もう一つ、とっておきの方法は「ちょっと凍らせてから切る」。切る前に肉を冷凍庫に入れ、半冷凍くらいで取り出す。この状態で切ると肉がくにゃっとならず、切れ味はさっくりに変わる。

水をかけて引いて切る。

半冷凍にして切る。

こんな簡単すぎるワザで、薄切り肉がぐっと扱いやすくなるのだ。

そもそも切り身魚は洗う？　洗わない？

鮭やぶりなどの「切り身魚」は、調理が簡単なので忙しいときにも重宝する。フライパンでソテーするだけでおいしく食べられるが、さて、ここで質問。切り身魚は、調理する前に洗ったほうがいいか？　それとも洗わないほうがいいのか？

答えは、洗わないほうがいい。まるごと一尾の魚はまず洗って汚れを落とすことが基本だが、切り身魚の場合はちょっと違う。洗うとかえってうまみが流れ出てしまうため、洗わずにそのまま調理を始めたほうがいいのだ。

衛生面を気にする人もいるが、切り身は水洗いしてからパックされるため、その心配はなし。しかも、調理のとき加熱すれば殺菌できるので、神経質にならなくても大丈夫だ。

どうしても気になるときは、さっと洗い流してペーパータオルでふき取る程度に。解凍した切り身魚を使う場合も、水気をペーパータオルでふき取ってから調理に取りかかるといいだろう。

生臭さが気になるときは、両面に塩をふって待つこと5分。こうすると、うまみはそのまま、余分な水気と共にくさみを一緒に追い出すことができる。

アサリに砂をはかせる正しい手順

アサリを食べているとき、砂をかんでしまうと、口の中がジャリジャリになって不快。砂抜きが必要なものは、まず砂の追放から始めなければならない。

砂抜きをできるだけ効率よく、と考えた場合、ポイントは「アサリの好きな環境」を作ること。

つまり、アサリが棲む海辺に近い環境の中で砂をはかせればいいのだ。当然、砂抜き用の水は「塩水」がいい。

水2カップに対し塩小さじ1杯半ほどを入れると、海水の濃度よりちょっと薄めになり、いいバランス。入れ物は、底が平らなバットなどを選び、重ならないようにアサリを並べる。上からアサリの頭が出るくらいまで塩水を注ぐ。

次は置き場所。アサリが好むのは薄暗くて静かな場所で、適温は15～20℃。そこで、秘密兵器の新聞紙でフタをし、薄暗さを演出する。あとは、できるだけ静かな場所を選んで置くだけ。

冷えすぎるとアサリの活動が低下してしまうので、冷蔵庫には入れないこと。アサリにとってごきげんな環境が整えば、2～4時間で砂抜きは完了する。

潮干狩りに行ったときは、ペットボトルなどに海水を入れて持ち帰るのも賢明な方法。本物の海水を使えば、砂出しはもっとスムーズになる。

アサリは塩水、しじみは真水でもどすのが鉄則

貝類にスムーズに砂を吐かせるコツは、できるだけ棲んでいた環境に近づけ、呼吸しやすくすることだ。

そこで、砂抜きする水は使う貝類によって少しアレンジするといい。

たとえば、しじみの場合は、河川や河口（つまり海水と淡水の境目）に棲んでいるので、アサリと同じ塩水ではなく、真水か濃度の薄い塩水が適している。これらの水をバットなどに並べた貝の上からひたひたに注ぎ、薄暗くて静かな場所に置く。適温は15～20℃なので、夏以外は常温がいい。

レンコン、ごぼうは「酢水にさらす」ともっといいワケ

レンコンやごぼうは「酢水にさらすといい」とよくいわれる。酢には、アクによる切り口の変色を防ぎ、色を白く保つ働きがあるからだ。つまり、漂白作用がある

というわけである。

日常の料理なら「水にさらす」だけでも十分だが、仕上がりの色味にこだわるなら、酢水を使うといい。酢水の分量の目安は、水2カップに対し小さじ1程度。レンコンの場合、酢水にさらすと粘り気が取れて歯切れもよくなる。

かきの下処理は「塩でふり洗い」がラク

「今日はかきフライが食べたい」というとき、調理で欠かせない行程はかきのアクや臭みを取るための下処理。大根おろしや片栗粉を使う方法もあるが、手軽なのは、塩を使った「ふり洗い」。塩の作用で成分の流出を防ぎ、表面のぬめりも取り除ける一石二鳥の方法だ。

手順は、まずざるに入れたかきに、塩をたっぷりふりかける。かき500gに対し、塩は大さじ1杯程度が目安。2〜3分して塩がなじんだら、ざるをゆすってふり洗い。次は、流水で汚れやぬめりを洗う。きれいになったら、キッチンペーパーで水気を拭き取り、下準備は完了。ざるに入れたまま全工程ができるので、作業効率がいい。

昆布の表面についている粉は洗う？　洗わない？

鍋物や吸い物のだしなど、料理に欠かせない昆布。その表面に白い粉がついていることがあるが、これは「マンニット」という甘味のある炭水化物で、れっきとしたうま味成分。おいしいだしができるので、汚れやカビと勘違いして洗ってしまうのは、もったいない。使うときは、硬く絞った濡れ布巾で表面をさっと拭く程度で十分だ。

3

料理をつくる

Using this book,You Can
Understand All the Respected
Tricks of Cuisine!

ごはんを水に浸す時間がないときのちょっとした技

お米をといだら「しばらく水に浸してから炊く」というのは、ごはんをおいしく炊くための常識。その目的とは、お米に水を吸わせること。お米のおいしさは水分量に左右されるので、時間をかけて芯の方まで水を含ませる必要があるのだ。ここで手を抜けば、ふっくらやわらかい炊き上がりは期待できない。

最近は、とぎ洗いなしで炊ける炊飯器もあるが、一般の炊飯器の場合、夏は30分～1時間、冬は1～2時間ほど浸すのが普通。とりわけ、硬いお米ほど長風呂好きだが、おなかがぺこぺこのとき、急なお客さんでごはんが足りないときなどは、待つ余裕なし。

その場合は、日本酒を用意しよう。米1・5カップに対し、大さじ1杯を目安に入れ、すぐに炊飯開始。お酒には食材をふっくらさせる働きがあるので、こうすると水に浸すプロセスを省略してもやわらかごはんが出来上がる。日本酒が見当たらなければ、サラダ油をひとたらし加えて炊くという手もある。ただしこれは、あくまで緊急時だけの秘策にとどめたい。

ごはんの味は、米をとぐ初めの1分で決まる

無洗米を利用すればとぎ洗いは省略できるが、普通の精白米は「とぎ洗い」が必須。上手に洗って表面のぬかを取り除いておかないと、ぬかの臭みでごはんがマズくなってしまう。そのとぎ方の上手・ヘタを決めるのは、初めの約1分。スピードが勝負だ。

とぎ洗いの手順を追うと、まず大き目のボウルなどに米を入れ、たっぷり水を加える。手早く2～3回ほどかき混ぜたら、汚れた水はすぐに捨てる。ここが大切なところで、最初の水を早く捨てないと、洗っても洗っても米が汚れを吸うという悪循環に陥ってしまう。米は水を入れた直後がいちばん吸水しやすいため、のんびり洗っていると、吐き出したはずの汚れやぬかの臭みをまた取り込んでしまうのだ。

何事もスタートが大事。2度目の水からは吸水率が低下するため、さほど慌てず、3～4回水を替えながらにごりが気にならなくなるまで洗えば十分。とぐときは力

を入れすぎず、手のひらのつけ根で押すようにするといい。

水の冷たさを嫌ってぬるま湯やお湯で洗うのは、よくないお手本。水温が上がると米の吸水率も上がり、米が汚れを吸いやすくなるからだ。米は思った以上にデリケート。取り扱いは慎重に……。

ごはんを「蒸らす」時間の目安は？

ごはんを炊く行程で欠かせないのが「蒸らす」こと。炊き上がったら、すぐフタを開けず、そのままお米に蒸気を吸わせることで、ふっくら仕上がる。

蒸らす時間の目安は10〜15分。

その間に芯までやわらかくなり、食べたあとの消化吸収もよくなる。食べ比べてみればわかるが、炊き上がった直後と蒸らしたあとのごはんの食感は確かに違う。

ただし、蒸らし過ぎるとごはんがベタついてしまうので、注意。

炊飯の仕上げは「シャリ切り」にかぎる

ごはんを蒸らし終わったら、すぐ「シャリ切り」をする。しゃもじを使ってシャリ（ごはん）を切る方法のことで、やはり炊飯に欠かせないプロセスだ。

釜の底からお米をはがし、十文字にざっくり切るような要領でほぐしていくのがコツ。余分な水分を飛ばすことで、米粒が立つようなハリが出る。

みそ汁の「みそ一人分」ってどのくらい？

みそ汁を作ったものの、みその量がいいかげんで濃すぎた、逆に薄すぎたという経験は誰にでもあるだろう。ただし、水やみその量を変えて作り直せば、みそ汁の味はどうしても落ちてしまう。というのも、みそは加熱が苦手。煮立てると風味がそこなわれてしまうため、何度も熱を加えることはタブーなのだ。

おいしいみそ汁を食べたければ、作り直しがないよう、入れるみその分量は正確に。「味見をしながら調節すれば大丈夫」なんていっていたら、みそ汁づくりはうまくなれない。

一人分のみその量の目安は、汁椀一杯に対し「大さじ1」。ちなみに、汁椀一杯分は、約150㎖。ただし、根菜類など火が通りにくい具を使うときは、煮ている間にとんでしまう水分量を見越して、水の量をちょっと多めにしておくといい。

みそは鍋を火からおろす直前に溶き入れ、グラッときたらすぐ火を止める。これで風味豊かなみそ汁が出来上がり。くれぐれもグラグラ煮立たせないように。

豆腐をくずさず切ってみそ汁に入れる瞬間ワザ

豆腐をくずさずに切るのは意外と難しい。とりわけ、絹ごし豆腐はやわらかいので、切って鍋に入れるのも至難の業だ。

ラクに切る方法だが、一方の手をそえることが一つ。さらに、そえた手に近い方から切っていけば、くずれにくくなる。

豆腐といえば、みそ汁の具の定番だが、いちばん食べやすくて火が通りやすい大きさは1㎝角。いわゆる「さいの目」だが、切るときは、まず豆腐の厚みを3等分くらいにしておき、次に縦横が1㎝幅になるように切る。縦に切るときは、やはりそえた手に近いほうから包丁を入れればうまくいく。手の上で切るのは危険なので、まな板を使うこと。

切った豆腐を鍋に入れるとき、意外と重宝するのがフライ返しだ。平らな面を使って豆腐をすくい上げるようにして入れれば、くずれにくく、汁の飛び散りもカバーできる。

豆腐、アサリ……みそ汁の具はどのタイミングで入れる？

みそ汁を作るとき大切な3つのタイミングがある。1つはみそを入れるタイミング。もう1つは火を止めるタイミング。そして最後に具を入れるタイミング。

気をつけないといけないのは、具によって煮る時間が違うこと。根菜類は水からじっくり煮てうまみを引き出したほうがよく、煮立った段階でみそを入れる。豆腐やネギは煮すぎると味がそこなわれてしまうので、みそのあとに入れ、グラッときたところですぐに火を止める。

つまり、火が通りにくい具はみその前、すぐ火が通る具や香りがとびやすい具はみそのあと。野菜については、「土から下」にできる根菜類は先に入れ、「土から上」にできる葉物は後で入れる、と覚えておけば間違いない。

では、アサリやしじみなどの貝類はどうかというと、水から煮るのが正しい。沸騰した湯に入れれば、貝の口はすぐに開いて食べられる状態になるが、水から煮ればだしがよく出て、みそ汁のうまみが増すのだ。じっくり煮て全部の貝の口が開いたときが、みそを入れる絶好のタイミング。他の具と同様に、「グラッ」ときたのを合図にさっと火を止め、さっそく食卓へ。

「カレーを煮込みすぎたら水を足す」のはNG

テレビや電話に気を取られ、うっかりカレーを煮込みすぎてしまうことがある。鍋をのぞくとトロみが消え、煮詰まる寸前……。

そんなとき、慌てて水を注いではいけない。ついやってしまいがちだが、水を足すと煮汁の温度が一気に下がるため、うま味も飛んでせっかくのカレーが台無しになってしまうのだ。

どうすればいいかというと、水ではなく固形スープを用意。これを別の鍋で溶かしてスープを作り、カレーの中に適量を加える。少し煮込めば、うま味を逃さずにおいしいカレーが復活。仕上げにバターを少し加えれば、コクが増してなかなかの仕上がりになる。

緊急事態に限らず、固形スープはカレーのよき味方。煮込むときに入れると、いつでもカレーのうま味を引き立ててくれるだろう。

では、カレーが辛すぎたときはどうするか？　その場合も、水で薄めるのはタブー。代わりにりんごのすりおろし、またはりんごやいちごのジャムを加えると味がやわらぐ。

カレーが断然おいしくなる〝魔法の隠し味〟

家庭の定番メニューの一つがカレー。よく作るからこそ、みんな味や作り方に何かしらこだわりがあるもの。

隠し味としてお店でもよく使われるのが「しょうゆ」。同様に「ソース」も失敗のない隠し味の代表で、少し入れるとコクとうま味が増す。

さらに、マイルドな味が好みなら「トマトケチャップ」、「プレーンヨーグルト」や「牛乳」などの乳製品、辛味を強化するなら「黒コショウ」、酸味が欲しいときは「トマト」や「酢」というように、カレーは面白いほどいろいろな味を受け入れる。

意外と合うのが「インスタントコーヒー」や「チョコレート」。仕上げの直前に加えてみよう。

コーヒーは小さじ2杯程度を湯に溶かして入れ、チョコレートは無糖のブラックチョコをひとかけら入れるだけ。慣れないと抵抗を感じるだろうが、味に深みが増し、何度か食べるうちにクセになってしまうかもしれない。

他にも、「野菜ジュース」、「みそ」、「マヨネーズ」なども、隠し味の候補。一つだけ入れたり、何種類か混ぜて入れたりと、アレコレ試してマンネリを脱出してみよう。ただし、どの隠し味も、入れすぎないように。

カレーは火を止めてからルウを入れるのが◎

市販のカレールウでカレーを作るとき、ルウを入れるのは調理の後半。野菜や肉がほどよく煮えた頃が、そのタイミングだ。作り方の説明書きを見ると、どれも「火をいったん止めてから」ルウを割り入れるようにと指示がある。これに従うか、無視するかで出来上がったカレーが明らかに変わる。

火を止めてからルウを入れるワケは、煮汁の温度を下げてルウを溶けやすくするため。ルウの小麦粉に含まれるでんぷんは、加熱するととろみが出てくる。ただし、温度が高すぎるとその〝糊化《こか》〟が急速に進むため、表面に膜を作って中が溶けにくくなってしまうのだ。「ダマ」ができるのはそのため。

だから、ルウは必ず火を止めてから入れる。できれば、濡らしたフキンの上に鍋を置くなどして粗熱を取ってから入れるのが理想だ。そのあと加熱しながらかき混ぜると、とろ〜りおいしいなめらかなカレーが出来上がる。

「めんどうだから」と火を止めるのを省略すると、舌触りがいまひとつのカレーに。

グツグツ煮立った中にルウを放り込んではいけないのだ。

どうしてパスタをゆでるときには「塩」を入れるのか

おいしいパスタの条件は「アルデンテ＝しこしこの歯ごたえ」にゆでること。スパゲティにしろマカロニにしろ、パスタをゆでるときは「たっぷりの湯に塩を入れる」とよくいわれるが、これこそアルデンテにゆでるコツだ。

塩を入れるメリットは主に3つ。まず、パスタは塩水を吸うとキュッとしまり、コシが出てくる。パスタにはもともと塩分が含まれていないため、塩を吸収すると食感が変わるのだ。二つ目は、塩を入れると湯の温度を高温に保てるということ。常にお湯をふつふつと沸騰させておくこともパスタにコシを与える条件なので、この点も見逃せない。三つ目のメリットとして、塩には表面のベタつきを防いで、ソースのなじみをよくする作用もある。

塩の量は、湯の量と同じで「たっぷりめ」に。スパゲティ二人分（200g）なら、湯は2ℓ、塩は大さじ1強くらいがちょうどいい。深鍋にたっぷりの湯をわかし、塩を入れ、スパゲティを広げながら入れればくっつく心配なし。基本を守れば、誰だってコシのあるおいしいパスタがゆでられる。

「スパゲティの量100g」が簡単に計れる意外なアイテム

スパゲティの一人分の分量は、だいたい100g。

ただし、目測でだいたいの量を決めると、思ったより多すぎたり、少なすぎたりしやすい。失敗をなくすには専用のツールで計るのが確実だが、ペットボトルを使えば、もっと簡単。

2ℓか1・5ℓの空のペットボトルを用意。そこにスパゲティを入れ、逆さにして出てきた量が、だいたい100g。つまり、ボトルの注ぎ口の口径が、スパゲティ一人分の束の太さとほぼ同じなのだ。二人分なら、注ぎ口から2回パスタを取り出す。三人分なら3回……。これさえあれば、料理初心者でも失敗はない。

ペットボトルは密閉性も高いので、保存用のボトルとしてもお役立ち。スパゲティの「保存」と「計量」の二通りに使えるとても便利なツールなのだ。使うときは、保存してあるペットボトルのフタを開け、注ぎ口から人数分のスパゲティを取り出すだけでいい。

そばをゆでたあと、水で洗うのはなぜ？

うどんやそばなど、和風麺をゆでたあとに必ずやる儀式がある。そう、「水洗い」。ゆであがった麺を手早くざるにあげ、冷水にさらす。これこそが、どの麺にも共通するおいしくゆであげるためのコツ。

その水洗いの目的とは、「粘り」を取ってコシを出すこと。

冷水にさらすことで、まず表面の粘りを取り除く。さらに麺を冷やして粘りの進行を止める。すると、コシのあるおいしい麺になるのだ。

麺をゆでると必ず粘りが出る。これは、表面のでんぷんが加熱によって糊のようになる糊化という現象。そばやうどんはパスタと違ってもともと麺に弾力がないため、表面に早く火が通ってべたつきやすい。そこで、必ず水でよく洗う必要があるのだ。

また、ゆでた麺は、熱いままだと芯の方まで糊化現象が広がり、水を吸ってのびてしまう。冷水で引き締めれば、この問題も解決。コシのあるしっかりした食感に仕上がる。

水洗いの後の処理は麺によって若干の違いはあるが、「お湯で泳がせる↓冷水でしめる」というゆで方の基本を守れば大きな失敗はない。

一番ウマいおにぎりの握り方を知っていますか？

みんなが「おいしい」と感じるおにぎりの食感とは、表はしっかりで、中はふんわり。つまり、外側はキュッと固く握られていても、中のごはんはつぶれていないこと、やわらかな口当たりであることが条件だ。

そこで握り方だが、「温かいごはん」で握ることは基本中の基本。冷たいごはんを使うと、粘りがないので握ってもポロポロくずれてしまう。できるだけ炊き立てのほかほかごはんを使うことだ。

ただし、手をやけどしないよう、しゃもじでかき混ぜて余計な水分を飛ばし、人肌より少し熱い程度に冷ましてから作り始めること。

手は水をつけるより氷水で冷やした方がごはんがつきにくくなる。冷やした手の水分をふき取ったあと、右利きの人は左手にごはんと具をのせ（左利きの人は反対）、具を包む要領で、右手の人差し指と中指を中心に一瞬だけギュッと力を加える。その一瞬の時間の目安は1秒。ここが大切なところで、決してギュ〜ッと握り込まないようにすると、中がふんわりのおにぎりになる。

手前にごはんを回しながら、ギュッ、ギュッを繰り返し、丸や三角の形を作りながら6回程度で握り終えるのが理想。

〝猫手〟でどうしても熱く感じる人は、ラップに包んで握ればラク。湯気で水っぽくなるので、握り終わったらすぐラップをはずすことを忘れずに。

プロなみのチャーハンが作れる秘伝の手順

チャーハンを作ったものの、なんだかベタ〜ッとしていて、満足度イマイチ……。ありがちな失敗だが、残りものの冷えたごはんを使うとそうなりやすい。

チャーハン作りはなんといっても早さが決め手。残飯整理にもってこいのメニューとはいえ、冷たいごはんを使うと温めてほぐすだけでかえって時間のロスになってしまう。

おいしく作るには炊き立てのごはんをちょっと冷ましてから使うといいが、冷や飯を使うなら電子レンジであらかじめ加熱しておくこと。

お店で食べるような理想のチャーハンは、卵がふわっとして、ごはんはパラッ。一粒一粒が口の中でほぐれる感じがする。

その理想に一歩近づくには、温かいごはんと共に、具や調味料をあらかじめ用意し、準備万端で手際よく作ることが大切。

熱したフライパンに溶き卵を流し入れ、半熟になったタイミングでごはんを入れる。強い火力で手早く混ぜながらささっと炒めれば、ごはんと卵がうまく混ざり合ってパラッとした仕上がりに。すぐに具と調味料を加えて炒め、最後にしょうゆを鍋肌から回し入れて完成。

チャーハンづくりは、まさに時間との勝負。ごはんの量が多すぎると手早くできないので、1回に炒める量は二人分までがいい。

うどんを作るなら「差し水」はタブー？

麺の中でも、「コシ」がおいしさを左右するのがうどん。「アルデンテ（しこしこの歯ごたえ）」は、パスタにかぎらずおいしいうどんの条件でもあるのだ。

そこで、うどんのコシを出す「ゆで方」にこだわってみると、いちばんのポイントは「湯の温度」。

沸騰したら湯の温度を一定に保つほうがよく、高温を維持するために深めの大きな鍋を使い、湯をたっぷりわかしてゆでる。

湯量が少ないと、いざ麺を入れたとき温度が急に下がってしまうし、うどんが鍋底にくっついてしまいやすい。目安として、麺100gに対し1ℓ以上と覚えておこう。

よく、麺をゆでるとき「差し水＝びっくり水」をするとコシが出るといわれる。差し水とは、ふきこぼれを防ぐために湯に水を加えることだが、これをやると一瞬にして温度が下がってしまう。そこで、ふきこぼれ対策は差し水より「火加減の調節」がいい。

まめに火を弱めたり強めたりすれば、ふきこぼれは阻止できるのだ。

どうしてものときは、水ではなくお湯を少量加え、温度変化をできるだけ少なくするのがコツ。

ゆでているときは、麺をやたらとかき混ぜないこと。麺の表面に傷がつくと食感が損なわれるので、湯の対流にのせて自然に泳がせておけばいい。

仕上げに冷水で麺を引き締めれば、コシのあるおいしいうどんが出来上がる。

おいしいマグロをふるまうための「下準備」

刺身は見た目がものを言う。そこで、盛り付け以前に気を遣わなければならないのが刺身本体の鮮度。そして、とりわけ鮮度を印象づけるのが「色」だ。

たとえば、冷凍マグロをサクで買い、お客さんにふるまうために冷凍庫に入れておくとする。使うときには解凍するわけだが、その解凍のやり方を誤ると変色してしまう。

よくありがちなのは、冷蔵庫に入れて自然に溶けるのを待つ、というやり方だが、この方法は間違っている。冷蔵庫に放置しておくと、真っ赤な汁と共にうまみが流れ出て、おまけに色まで褐色に変わってしまうのだ。これは、魚肉の表面の色素が酸化するために起こる現象。少々の変色なら味に影響はないが、見た目でかなり損してしまうだろう。

ではどうするかというと、決め手は解凍の速度と温度。変色というのは通常、マイナス3〜7℃の温度帯で生じるといわれる。そこで、解凍させるとき、この温度帯を素早く通過させればいいのだ。そう、解凍はゆっくりよりスピーディーに、が正しい。

まずサク全体が浸る分量の塩水を用意する。水カップ2杯半に対し、塩大さじ1というのが目安。これを40℃くらいに温めてサクを入れ、1分ほど浸す。表面がやわらかくなったら取り出し、キッチンペーパー、ラップの順に包む。これを5℃前後の冷蔵室に20分ほど入れると食べごろになる。つまりこれ、変色しやすい温度帯を超スピードで走り抜けるための作戦。色鮮やかに解凍され、見た目にもおいしいマグロと対面できる。

ハンバーグのひき肉の絶妙バランスを知っていますか？

ハンバーグに使うひき肉は、豚肉と牛肉を混ぜるのが基本。牛肉のうま味と引き締まった食感、そして、豚肉のやわらかさとジューシーさが合わさると、バランスがよくなる。

そこで大切なのが、二種のひき肉の割合だ。

よく黄金比率と言われるのが、「牛肉7：豚肉3」のバランス。スーパーなどで売られている合いびきミンチは「牛肉6：豚肉4」くらいが多く、コスト的にもお手頃。豚肉が多いぶん、焼くとやわらかさが引き立ってくる。肉の部位によっても脂肪の割合や固さは変わるので、繰り返し作りながらお気に入りの比率を探そう。

ハンバーグは火加減を切り換えるタイミングがポイント

ハンバーグを焼くとき、ポイントとなるのが火加減を切り換えるタイミングだ。

まず最初に強火でじゅっと焼き、肉の表面に焦げ目をつける。こうしてうま味を閉じ込めたら、火を弱めて中火から弱火でゆっくりと焼く。

この手順こそ、ハンバーグの焼き方の絶対法則。ずっと強火で焼いてしまうと、中が生焼けで失敗……ということになりやすい。焦げつきを防いでジューシーに仕上げるなら、片面を強火で焼いたあと、水を入れて蒸し焼きにするといい。

絶対に割れないハンバーグをつくるには？

ふっくらジューシーなハンバーグを作るには、二つの〝手ワザ〟が必要。一に「肉をよくこねる」。二に「肉でキャッチボールをする」。

肉を練りに練ったあと、空気を抜くためにキャッチボールをするのだ。ここを手抜きすると、必ずといっていいほど失敗する。ハンバーグは、よくこねないと肉汁が流れてパサッとした食感になってしまうし、ちゃんと空気を抜かないと、焼いている間に中の空気が膨張し、割れてしまったりするのだ。

おいしさを閉じ込め、絶対割れないハンバーグを作るには、ねっとり粘りが出るまで100回はこねる。そして、8回くらいキャッチボールをする。

といっても、もちろん本当に肉を投げるわけではない。人数分に小分けにした肉だねを、両手で軽く投げ合うようにするのだ。このとき、手にサラダ油を少々つけておくと肉だねがくっつきにくくなる。難しければ、肉だねを持った手を、もう一方の手に向かってパンパンとたたきつけるようにしてもいい。

ここまでできたら、おいしいハンバーグはすぐそこ。小判型に丸め、中央にくぼみをつけて火を通りやすくし、あとは焼くだけ。

ベーコンをカリカリに焼く3つのコツ

「ある調味料」を加えるだけで、ベーコンがカリカリにおいしく焼ける。

その調味料とは、砂糖。

1　まずフライパンにひとつまみの砂糖をぱらぱらと入れ、ベーコンも入れて点火。

2　あとは普通に焼くだけ。じわっと脂が出てきたら1分程焼き、裏返しに。

3　そのままさらに約1分焼けば出来上がり。香ばしい香りに食欲をそそられる。カリカリに仕上がるワケは、砂糖が水分の吸収力を高め、しかも、加熱によって表面についた砂糖がカラメル状になるため。ちょっとの量なので砂糖を加えても甘さは気にならず、コクが増すので、さめてもおいしい。お弁当のおかずにももってこいだ。

ステーキを裏返すのは1回までが正しい

肉をおいしく焼く決め手は、火加減と時間。初めから強火でさっと仕上げるのがコツだ。

厚手のフライパンを十分に熱し、まず表になる方を下にして、じゅっと焼く。これは表面を焼き固め、おいしさを封じ込める作戦だ。ひっくり返すのはたった1度だけ。ミディアムなら、片面2分ずつくらいが目安。この短時間のワザで、ジューシーなステーキに仕上がる。弱火で何度もひっくり返していると、その間に肉汁と共にうまみが流れ出てしまうので気をつけて。

筋に切り目を入れる下処理で、肉がきれいに焼ける

ステーキを焼いたものの、肉が反り返って見栄えがいまひとつ……それは、下処理が足りなかったせいかもしれない。

牛肉や豚肉には硬い筋があり、加熱するとその筋が縮んで、肉が反り返ってしまうのだ。仕上がりが不恰好になるだけでなく、熱が均一に通りにくくなるので、筋は事前に切っておいたほうがいい。硬い筋があるのは、赤身と脂身の境目あたり。そこに包丁を立てて刃先を垂直に入れ、2～3㎝の間隔で約1㎝幅の切り込みを入れていく。厚みがある肉なら、裏からも同じように切り込みを入れる。このひと手間で反り返りがなくなり、食感もよくなる。

ステーキは〝焼く前30分〟が勝負どころと心得る

表面がパリッと香ばしく、中身はジューシー。そんなおいしいステーキを家で焼

くためには、焼く前に二つの裏ワザを使う。とても簡単なことだが、失敗がなくなり、ぐんとおいしくなる。

まず一つは、肉の温度調整。といっても、焼き始める30分〜1時間前に、冷蔵庫から肉を出すだけ。バランスよく火を通すために、肉を室温に戻しておくのだ。失敗する人は、たいてい冷蔵庫から肉を出してすぐ焼き始めるのだが、中が冷たいままだと火が通りにくく、焼きムラができやすくなる。

表面だけ焼けすぎたり、食べてみたら中が冷たいままだったりと、中途半端なステーキになってしまうのだ。

そこで、準備は早めに。室温によくなじませてから強火でさっと焼くことを守れば、それだけで失敗が少なくなる。

二つ目の儀式は、焼く2〜3分前の塩・こしょう。ここでも鍵を握っているのは「時間」。早くしすぎると塩が肉の内部まで浸透し、うまみが流れ出たり、硬くなってしまうのだが、遅すぎてもダメ。

塩には肉汁を逃さないようにガードする役目があるので、焼く直前のタイミングを逃さないようにしたい。

安い牛肉を高級ステーキに変える方法

特売の牛肉に手が伸びたとき、焼いてみて気になるのは硬さ、パサつき、筋っぽさなど。ところが、ほんのひと手間でこうした弱点を克服し、高級ステーキ並みのおいしさに近づける方法がある。

いちばん簡単なのは「砂糖」のひと振り。牛肉の表面に一つまみの砂糖をぱらぱらっとふりかけるだけでいい。そのまま30分ほど室温になじませてから焼くと、不思議、硬さや筋っぽさが気にならなくなる。砂糖の主成分であるショ糖は肉と水分

砂糖を
ひと振りして
室温で30分
なじませて
から焼く

を結びつける働きがあるので、肉がやわらかくなり、ひと振りでも効果があるのだ。

他に、すりおろしたパイナップルやしょうがのしぼり汁に漬け込む方法もある。パイナップルは、りんごやキウイフルーツでも代用可。果実に含まれる酵素の働きによって、肉質がやわらかくなるのだ。筋っぽさを取り除くなら、肉たたきなどでたたいて食べやすくするのも手。

下準備を万全にして、前項のような要領で焼けば、肉の値段にかかわらずおいしいステーキが食べられる。

フライパンにくっついた肉を上手にはがすコツ

肉を炒めているとき、鍋底やフライパンに肉がくっついてあわてたことはないだろうか？

そんなとき、やってはいけないのは、①やたらと油を足す。②くっついた肉をはがそうとして箸でガシガシとこする。残念ながら、これは悪あがき。かえって逆効果で、強引にはがそうと奮闘しているうちに肉は焦げ付き、料理は油っぽくなってしまうだろう。

どうすればいいかというと、ヘタにいじらずいったん小休止。鍋やフライパンを火からおろし、ぬれぶきんの上に置くといい。目的は温度を下げることで、金属の収縮作用によって肉が自然にはがれやすくなる。

肉がくっついたら、まず底を冷やすことが大切なのだ。

ぬれぶきんの上で、ジュッという音がしたら、肉がはげやすい状態になったというサイン。改めて火にかけ、調理を再開。肉に火が通ってしまえばくっつくことはないので、冷静に対処しよう。

卵料理を作るのに覚えておきたい砂糖と塩の法則

ふんわりオムレツ、ふっくら卵焼き、ふわふわスクランブルエッグなど、卵料理をふんわり仕上げたいとき役立つのは「砂糖」だ。

たとえば、砂糖を加えた卵でオムレツを作ると、見た目にふんわりと弾力のある仕上がりになる。砂糖を入れなかったオムレツと比べれば、一目瞭然。ひとつまみ程度の少量の砂糖が、なぜこれほど出来上がりを左右するのだろう？

そもそも、卵料理というのは熱で固まる性質を利用したものだ。調理を始めると、熱に刺激されたたんぱく質の分子が激しく動き出し、一度わっと広がってから再びからみあう。その結果、卵が凝固して料理が出来上がるのだ。砂糖を加えると、たんぱく質の分子に砂糖が結びつくため、凝固のスピードが遅れると考えられている。ゆっくり固まるので、ふんわり感が増すわけだ。

面白いことに、塩は砂糖とは逆の働きをする。たんぱく質の凝固を早めるのだ。そこで、塩を入れた卵料理は、身がしまった食感になる。

オムレツをふわふわにするマヨネーズの〝魔法〟

卵料理をふんわりさせる、もう一つの方法をご紹介。

魔法をかけてくれるのはマヨネーズだ。マヨネーズといえば、主原料は卵と油と酢。つまり、卵と同類の調味料を加えて焼くことになる。

オムレツなら、卵一個に対し、小さじ1ほどのマヨネーズを加える。ふっくら焼くには混ぜ方にもコツがあり、菜箸かフォークを使ってざっと10回ほど。かき混ぜすぎると空気をたくさん含み、きめが粗くなってしまうので注意。あとは、フライパンにバターを熱し、手早くかき混ぜながら一気に焼くだけ。焦げやすいので、火加減はちょっと弱めを心がけよう。

出来上がったオムレツはふわっふわの食感。口に入れるとコクがあり、プレーンオムレツでも何もかけずに食べられる。

他に、マヨネーズ入りスクランブルエッグもいけるので、お試しを。「卵＋マヨネーズ」は、忙しい朝にぴったりのコンビなのだ。

半熟、トロトロ……ゆで卵を好みの固さで作るには？

料理の第一歩ともいえるゆで卵づくり。一見簡単そうだが、好みの固さに、しかもキレイに作るには、やはりワザが必要だ。

まず、冷蔵庫から出してすぐ火にかけないほうがいい。冷えた卵を急に温めると中身が膨張するときにムラができやすく、殻が割れやすくなってしまうのだ。

殻の破裂を防ぐには、一度室温にもどしておくか、冷蔵庫から出したあと10分ほど水につけておく。鍋に卵がかぶるくらいの水を入れ、塩か酢を少々入れて強火にかける。塩や酢にはたんぱく質の凝固を早める働きがあるため、あらかじめ入れておけば万が一殻にひびが入っても卵白の流出を防ぐことができるのだ。

沸騰後は少し火を弱めて。そのあとのゆで時間の目安は「固ゆで卵」が10分。「半熟卵」が4分。半熟でも「固めが好き」というなら、ちょっと長めに6〜7分。黄身がトロトロの「半熟以前の卵」は3分。

何度か作ってみて自分にとってベストなゆで時間がわかったら、今度はタイマーを使えば確実。ちょうどの時間になったら、すぐ冷水にとること。

黄身が真ん中にあるキレイなゆで卵を作るには、沸騰するまでの間、卵を菜箸でころころ転がしながらゆでるのがコツ。これで文句なしのゆで卵になる。

焦げ付きなしの見栄えのいい焼きそばを作る

冷蔵庫から焼きそばを取り出して炒めていたら、下のほうがフライパンにこびりつき、焦げ付いてしまったという経験はないだろうか。

焼きそばの麺の多くは一食ぶんずつ袋にパックされているが、そのままフライパンに入れてしまうと油となじまず、フライパンにくっつきやすい。そのうえ部分的に固まりが残っているため、これをフライパンの中でほぐそうとすると、他の部分を焦がしてしまうことになりかねない。

そこで温める。袋から麺を取り出したらまずは全体に熱湯を回しかけて常温に戻してやると焦げ付きにくくなるのだ。

フライパンで炒める前に、固まりをほぐしておくのも大切なポイント。そのとき、全体にほんの少量のサラダ油をふりかけておくとほぐしやすく、焦げ目もつきにくくなる。

まず野菜から炒め、火が通ったところで、温めてほぐした麺を投入。麺を箸でほぐしながら混ぜ合わせ、塩、こしょう、ソースなどで味を整えて……。これで、焦げ付きなしの見栄えのいい焼きそばが完成する。

ごはんを炊きながら一緒にできる超カンタン料理って？

「炊飯器クッキング」が注目されているように、炊飯器はとても優秀な調理器具。加熱して蒸らす、という機能をいかせば、スイッチ一つで「ごはん」と「おかず」が同時進行で作れてしまう。

レシピ本もいくつも出ているが、まずはその便利さを知るために、いちばんシンプルな方法から試してみよう。

その1「炊飯器でゆで卵」。といだお米と一緒に、洗った卵を炊飯器に入れてスイッチオン。ごはんが炊けると同時に、ゆで卵ができている。温泉卵風のとろとろの卵が好みなら、ごはんが炊けた直後に卵を入れれば、ちょうどいい固さに。卵を取り出すときは、やけどしないよう、スプーンなどを使うといい。

その2「炊飯器でほくほくじゃがいも」。ごはんを炊くとき、洗ったじゃがいもを丸ごとアルミホイルに包んで入れ、スイッチオン。炊きあがると、ごはんと一緒にほかほかのふかしいもができている。あらかじめじゃがいもを適当な大きさにカットしておけば、すぐ食べられるので便利。

この二つの方法を合わせて卵とじゃがいもを一緒に炊飯器に入れれば、いとも簡単におかず2品が完成。

同じ要領で、他の野菜と一緒に炊いたり、デリ風にミニおかずを3～4品作ったり、と応用自在。炊飯器一つあれば、忙しい最中でもおかずに困らない。

板前さんのように見える刺身の切り方3つのポイント

サクで買ってきた刺身は、どう切るかで見た目のおいしさに差がつく。板前さんが切ったような見た目を目指すには、まず以下の3つのことを頭に入れておきたい。

1　刺身は引いて切る。
2　刃元から切っ先まで刃全体を使って切る。
3　赤身魚は厚め、白身魚は薄く切る。

赤身のマグロやカツオは身がやわらかいので、厚めに切ったほうが歯ごたえがあっておいしく食べられる。一方、ヒラメやスズキなどの白身はもともと歯ごたえがあるので、薄く切ったほうが食べやすくなる。

では、実践。赤身の「平造り」は、サクの右側から包丁を入れ、左手を添えて1cm幅の棒状に切っていく。まず、サクの手前に刃元を直角に当てて、そのまま、刃元から刃先へと力を移動させ、手前に引きながら一気に切るのがコツ。包丁の腹を右側に寝かせて切り離せば、切り口もきれい。

白身の「そぎ造り」は、文字通り、薄くそぐような切り方。赤身とは逆に左側から切っていく。左手で切り離す身を押さえ、刃を右に少し傾けるような感じで斜めに包丁を入れて刃元から刃先へと手前にすべらせ、すっと引いて切る。切った身は左側へ。

この2通りの切り方がうまくできれば、包丁名人の仲間入り。きれいに盛り付けて、目でも楽しみながら食べたい。

魚の塩焼きが「塩辛すぎる」ときのひと工夫

夕食に作ったアジやサンマの塩焼きを口に含んでみたら、なんだか塩辛い。塩をふりすぎてしまったかも？

そんなときはレモンの搾り汁を多めにかけるといい。塩気がやわらいで食べやすくなるものだ。お店でも、焼き魚にはよくレモンの輪切りが添えられているが、これは酸の働きによって塩分の辛さをやわらげるのが目的。

一方、肉にレモンを添えるのは、たんぱく質を分解する酵素の働きを活性化して、肉のうまみを増すのが目的。

きつすぎる味覚を中和させたり、うまみを増したり、とレモンはおかずを引き立てる名脇役なのだ。

最近、注目されているのはレモンのキレート作用なるもの。レモンに含まれる天然クエン酸には、カルシウムなどのミネラルを包んで身体への吸収をよくする働きがあり、これをキレート作用というのだ。つまり、焼き魚にレモンをかければ、健康効果も高まるというわけ。

だから、冷蔵庫にはいつもレモンを常備しておきたい。うっかり切らしてしまった場合、焼き魚の塩辛さは酢をかけてもやわらぐ。

残った刺身がおいしくなるひと手間

刺身の消費期限はとても短い。おいしい刺身を手に入れても、解凍後は時間を追って傷んでいくため、とにかく早く食べること。買ったその日のうち、解凍したその日のうちに食べきってしまうのがベストだ。それでも、余らせてしまったときはどうすればいいのだろう？

「1日くらいなら、まあいいか……」と冷蔵庫でそのまま保存するのは、あまり賢いやり方ではない。翌日には色も悪くなり、味も半減してしまうだろう。すでに鮮度が落ちた段階で冷凍保存というのもいただけない。おすすめは、赤身なら「しょうゆ漬け」、白身なら「酢漬け」。「づけ」にしておくと、翌日までおいしく食べられる。

たとえば、人気のマグロの刺身を余らせてしまったら、しょうゆ、みりん、酒を同量の割合で混ぜたタレに漬け込み、密閉容器などに入れて冷蔵庫で1日置く。みりん、酒は煮切って（1度煮立てて）アルコール臭さを飛ばしたものを使うこと。翌日、タレのしみ込んだマグロをごはんにのせれば、カンタンでおいしい「づけ丼」の出来上がり。のりや白ゴマなど、好みで添えていただこう。

焼き魚に欠かせない塩の「実力」とは？

魚を焼くときは、みんな当然のように塩をふる。その塩の実力を知るために、魚への働きかけをちょっと科学してみよう。

魚に塩をふると、まず表面の塩分濃度が高くなる。すると、これを薄めようとする浸透圧が働き、中の水分が表面にぐっと引き出される。このとき、魚の生臭さも一緒に出て行くため、魚の生臭さが消えて身が引き締まる。つまり、焼いても崩れにくくなるというわけだ。

塩はうまみも引き立てる。

魚に含まれるアルブミンやグロブリンといったたんぱく質は、加熱すると凝固するという特性がある。塩はこの凝固作用を促進する働きがあるので、魚にふりかけると、表面が素早く固まってうま味をしっかり閉じ込めることができるのだ。

つまり、魚のうま味が逃げないように、塩でフタをするというわけ。この働きは、食卓塩や精製塩より、ニガリ成分を含む天然塩のほうが強い。つまり、焼き魚には天然塩がいいのだ。

1切れ100gとすれば、塩の分量は小さじ半分弱が目安。塩をふってからあまり時間がたつとうまみも水分も出て行ってしまうので、焼く20～30分前にふるのが理想だ。

焼き魚をおいしくするグリルの中の位置関係は？

魚焼きグリルで魚を焼いているとき、中の様子がよく見えない。そこで、開けてみたら焦げすぎていたり、焼きムラができていてがっかり、ということがある。

そこで質問だが、一尾をまるごと焼くとき、頭をどちらに向けているだろうか？

頭は手前？　それとも奥？

上手に魚を焼くなら、正しいのは頭が奥だ。

グリル内には微妙な温度差があり、手前より奥のほうが温度が高くなる。そこで、火の通りが遅い頭を奥に、焦げやすい尾を手前に置けば、バランスよく焼けるのだ。

さんまのように、大きくて網からはみ出してしまう魚は、無理に押し込まないこと。真ん中で二つに切ったほうが扱いやすくなる。

その場合、頭側を奥、尾のある方を手前、というように上下にずらして並べればきれいに焼ける。

グリル内の法則はもう一つあり、中央と端では端のほうが温度が高い。そこで、二尾一緒に焼くときは、中央寄りに並べるより網の両端に置いたほうが焼きムラがなくなる。

「塩ひとつまみ」で湯豆腐がおいしくなる

「湯豆腐」は、手軽でおいしい豆腐メニューの代表。水、昆布、豆腐を入れた鍋を火にかけるだけで、あとは食べごろを待つだけの簡単さ。

その食べごろとは、湯が温まってグラグラッとしてきた瞬間。沸騰する手前で火を止めるといちばんおいしく食べられる。うっかり長く煮すぎると豆腐に〝ス〟が立ち、視覚的にもマズくなってしまう。これを予防してくれるのが「塩」。ただ沸騰させると5～10分の間にスが立ってしまうが、塩を加えると10分以上煮てもデコボコはあらわれないのだ。驚くべき塩のパワー。

そもそも、なぜスが立つかというと、急な加熱によって豆腐の中の水分が沸騰し、細かい泡ができてしまうため。水分量が多い豆腐ならではの現象といえる。しかも、加熱によってたんぱく質が凝固するため、デコボコに穴があいたまま硬くなってしまうのだ。塩は、こうした働きを防いでくれるため、沸騰させてもスが立ちにくくなるというわけ。

湯豆腐を作るときは、塩を「ひとつまみ」加えておきたい。

大根おろしの辛さを一瞬で消す即効ワザ

できたての大根おろしを口に入れた瞬間、舌がピリッとして食べづらさを感じることがある。

このピリ辛味が苦手なら、甘みの多い大根の上半分を使うべきだが、下半分しかないときはどうすればいいのか？

辛味成分というのは、ほうっておけば自然に揮発するが、それを待っていたら味がぼやけ、ビタミンＣも次第に失われてしまう。つまり、おろしたてを食べることが鉄則なので、時間を置くことはおすすめできない。

では、辛味を即効で消すには？　ここで役立つのが酢やレモン。数滴たらせば、すっぱみで辛味をやわらげることができる。もう一つ、電子レンジで温めて辛味をとばす方法もある。

ただし、加熱しすぎるとあつあつの大根おろしになってしまうので、レンジに入れる時間はほんの数十秒にとどめること。

大根おろしの汁は、レモンやハチミツを混ぜればおいしいスペシャル栄養ドリンクになる。捨ててしまわず、まるごと無駄なく利用したい。

美味なもみじおろしを最短でつくる方法

「もみじおろし」といえば、ふぐちりをはじめ、鍋物や刺身の薬味としておなじみの日本人の大好物。その正体は、大根と赤唐辛子をすりおろしたもの。味はピリ辛。

赤い色味が秋の紅葉を思わせることから、その名がついたという。もみじおろしは店で食べるか買うかのどちらかという人が多いが、材料さえあれば自分でも作れる。

手抜き派には、大根おろしに一味唐辛子を混ぜる方法。それらしい味になる。

本格的な味を出すなら、やはり大根と赤唐辛子を一緒におろすのがいちばん。まず、唐辛子をぬるま湯に5分ほど浸して、少しふやかす。次に、輪切りにした大根にタテに切れ目を入れ、唐辛子をはさみ込む。

この〝唐辛子つき大根〟をおろし金に直角に当ててすりおろせば、即席もみじおろしが出来上がる。

おろし金はできるだけ目の細かいものを使うこと。目が粗いと唐辛子がひっかか

1.
唐辛子をぬるま湯に5分ほど浸す
2.
唐辛子をはさみ込む
3.
すりおろす

 っておろしづらいので注意。おろすスピードは、ゆっくり、ゆっくり。おろしたてを食べると、やっぱり違う。

トーストは魚焼きグリルで焼くとおいしい

トーストはオーブントースターで焼くもの。これは、いまさらいうまでもない調理の常識だが、他にもおいしく焼く方法がある。「魚焼きグリル」を使うのだ。魚焼きグリルはコロッケなど揚げ物の温め直しにも使えるが、実はトースターとしても有能。遠赤外線パワーのおかげで高温でスピーディーに焼けるので、外側はさっくり、中はふんわりと仕上がる。短時間でこんがり焦げ目がつくので、トーストをおいしく焼くにはもってこいなのだ。

でも、前の晩にグリルで魚を焼いたら、そのニオイがパンに移ったりしないのだろうか？　気になるところだが、ニオイが移る心配はない。そのヒミツは水蒸気にある。加熱中は食パンの中の水分が勢いよく蒸発して出て行くため、水蒸気がガードマン役となってニオイを寄せ付けないのだ。火を止めたあとは、ガードマンの効力がなくなってしまうので、すぐに取り出すことを忘れずに。

次のチャレンジとして、グリルの中で一緒におかず作りをしてみるのも楽しい。パン、ソーセージや野菜などのおかずを一緒にのせて焼けば、ラクしておいしい朝食が作れる。

残りもののコロッケをカリカリにする早ワザ

昨日の残りもののコロッケ、温め直して食べるとき、どうしているだろうか? 手軽さからつい電子レンジに頼りたくなるが、やってみると食感がいまひとつ。ラップをせずに温めても、中の水気が出て衣がしなっとしてしまうものだ。コロッケは衣のサクサク感が命なのに、これではちょっとがっかり。

カリッと仕上げるなら、電子レンジより「オーブントースター」や「魚焼きグリル」がおすすめ。魚焼きグリルというのは、実は温め直し用としてもすぐれた調理器具。コロッケを温めると、昨日の揚げたてのような食感を再現できるのだ。

その秘密は遠赤外線による加熱にある。トースターより高温で熱するので、余計な水分が素早く飛んで、衣がサクッ、カリッとなる。

火力が強いため、適度に焦げ目もついて見た目にもおいしそう。ただし、1分ほどで温まるので、焦げすぎないように注意。

てんぷらやフライなど、他の揚げ物を温め直すときも、この方法は使える。

ちょっとした手間で干物は断然おいしくなる

魚を焼くときは「強火の遠火」がいいといわれる。距離をおいて強火で焼くと、魚のうま味が逃げず、おいしく焼きあがるというのだ。理想は炭火焼だが、多くの家庭ではあまりやらない。たいていは魚焼きグリルを使うが、その場合、強火で焼くと中が生焼けのまま外側が焦げてしまい、せっかくの干物が台無し。

必ずやっておきたい準備として、まずグリル内を4～5分かけて十分熱しておくこと。これは、魚を焦がさないための基本。魚を入れてからは、じっくり弱火から中火で焼いたほうがうまくいく。

片面焼きの場合、皮の方と身の方、どちらから焼き始めるかだが、盛り付けたとき表になるほうが先。つまり干物なら身の方から焼いていく。その際に、表面にお酒を少し塗っておくと焦げ目がきれいにつき、見た目にもおいしそう。このほんのひと塗りで差がつくのだ。身がキツネ色になり、こんがり焦げ目がついたらひっくり返し、次は皮の方。

焼き時間の配分は、身が7割、皮が3割くらいがちょうどいい。尾やヒレなど、焦げやすい部分には、あらかじめ塩を振っておくようにするだけで焦がさずにすむ。焼きあがったら、すぐにあつあつをいただこう。

じゃがいもを変色させない基本のキ

じゃがいもは切って放置すると、すぐ切り口が茶色っぽくなってくる。これは、じゃがいもの中のチロシンというアミノ酸が空気に触れて酸化し、メラニンという黒い色素に変わるための現象。

変色させないためには、切ったらすぐ水にさらすこと。酸素に触れさせず、チロシンの濃度を薄めることで予防できる。水にさらす時間は10分程度。長すぎると、大切な栄養素が流れ出てしまうので、ほどほどがいい。

じゃがいもの煮くずれ予防策の基本のキ

じゃがいもの煮くずれ対策は、煮くずれしにくいメークインやインカのめざめなどの種類を選ぶことがまずひとつ。科学的にみれば、メークインはでんぷんの量が少ない粘質性で、細胞同士をつなぐ力が強いのだという。さらに、煮る前に油でよく炒めて表面をコーティングしておく、かき混ぜすぎない、やや弱火を意識してじっくり煮る、などを心がけると、くずれにくくなる。

しょっぱすぎる煮物を救う「パートナー」は？

煮物を作るとき、目分量で調味料を入れたり、「さしすせそ」の手順を守らないと、味にバラつきがでやすい。もし、味見をして「しょっぱすぎる」と感じたら、どう調整すればいいのだろう？

ついやってしまいがちだが、ここで、あわてて調味料を入れたりしないほうがいい。目分量でいいかげんにやると、ますます味のバランスをくずしてしまう危険大。やたらと水を入れるのもダメ。ここで頼りになるのは、塩辛さを緩和してくれる食材たちだ。

一つはじゃがいも。じゃがいもは塩辛さを吸って味のバランスを整えてくれる煮物の救世主。皮をむいてから適当な大きさにカットし、一緒に煮込んでみよう。余計なしょっぱさがじゃがいもの方に移って、味が調整されてくる。

もう一つ、豆腐もおすすめ。豆腐は水分をたっぷり含んでいるので、煮物に入れると水気が外に出て自然と味が薄まるのだ。しょっぱいときはじゃがいもか豆腐、と覚えておいて、いざというとき助けてもらおう。

煮物をおいしくするなら、煮たあと一度寝かせる

肉じゃがや筑前煮などの煮物は、時間がたってもおいしく感じる。実際、煮物の味は冷めるときにしみ込みやすいので、うま味が増しているのだ。一方、湯気の上

がってできたての煮物は見た目においしそうだが、食べてみると芯まで味がしみていないことも。そこで、味を熟成させるなら「あえて一度冷ます」のがおすすめ。たとえば、夕食で煮物を食べたいなら、早めに作り置きし、フタをして冷ましておく。じっくり寝かせたあと、食べる直前に温め直せば、ほどよく味がしみた煮物にありつける。

おでんに味をしみ込ませる秘策は「じっくり冷ます」

煮物は温度が下がるときに味がしみるので、おでんを作るときもじっくり冷ましたほうがいい。味がしみ込む時間を長くすることで、うまみが増すわけだ。

では、じっくり冷ますコツとは？

家庭用の小ぶりの鍋は火を止めるとすぐ温度が下がってしまうため、ちょっとした小道具を使う。用意するのは、新聞紙とバスタオル。どんなふうに使うかというと、おでんを煮込んだら、すぐに新聞紙とバスタオルで鍋をくるみ、保温性を高めておく。その際、火傷しないように注意。少なくとも1時間そのままにしておけば、中まで味がしみてくる。食べる直前に温め直して食卓へ。

大根を煮るとき米のとぎ汁で下ゆでするといいワケ

おでんの具としても欠かせない大根は、煮始める前に下ゆでが必要。その際、「米のとぎ汁や米粒をひとつまみ入れるといい」とよくいわれる。

なぜなら、とぎ汁に含まれるでんぷんが大根特有のアクを吸着し、えぐみを取り除いてくれるからだ。他に、素材がややわらかくなって味がしみやすくなったり、透明感が出るなどのメリットも。

竹串を刺してすっと通るくらいまでゆでたら、火を止めて水にさらす。とぎ汁をよく洗い流せば下準備は完了。ふろふき大根なども、この方法で味に深みが出る。

十字の切れ目を入れた大根の煮物はなぜウマい？

ふろふき大根やおでんなど、厚切りした大根をおいしく煮るためのコツをもうひとつ。

下ゆでする前に、輪切りにした大根の片面に十字の切り目を入れておく。いわゆる「隠し包丁」だ。切り目の深さは、大根の厚みの半分から3分の2くらいが適当である。

切り目を入れた面を下にして鍋に入れたら、たっぷりの米のとぎ汁か米粒を加えてゆでる。

こうすると、中まで早く火が通り、味がしみやすくなる。早く煮えれば型くずれもしにくく、見た目もきれいに仕上がる。

酢の物をおいしくするポイントは塩にあり！

酢のものをおいしくするうえで、欠かせない調味料が塩。

合わせ酢をあえる前に、下準備として材料に塩をまぶしておく。すると、塩の浸透圧の効果で素材の水気がじんわりと引き出され、表面の組織がやわらかくなる。このちょっとの手間で酢がなじみやすくなり、味に差がつく。

ゆで野菜にマヨネーズをあえるベストなタイミング

たとえば、サラダ用にゆでたじゃがいもにマヨネーズをあえるとき、どのタイミングで混ぜるのがいいのか？

この場合、ゆでたてで混ぜるのは×だ。

マヨネーズは、熱を加えると主原料の「植物油・酢・卵」が分離してしまう性質がある。

そのため、ゆでたてのあつあつの素材に加えると、料理が油っぽくなったり、香りや舌触りもいまひとつの残念な仕上がりになってしまうのだ。

そこで、マヨネーズは冷ましてからあえる。完全に冷まさなくても、粗熱が取れたタイミングならＯＫ。

ただし、塩・こしょうなどの下味は、熱いうちに加えた方がよくなじむ。先に加えた方がいいもの、あとで加えた方がいいものを知っているだけで、料理上手になれる。

チキンライスはごはんの前にケチャップを入れるのがコツ

日本人が好む定番メニューのひとつ、オムライス。おいしさを左右するのは、やはり中身のチキンライスの出来栄えだが、ここで悩むのが、トマトケチャップを入れるタイミングだ。具材を炒めたあとに加えるのは、ケチャップがいいか、それともごはんがいいか？　正解は、トマトケチャップが先。

鶏肉やタマネギなどを炒めたら、すぐケチャップを加え、具材にからめる。そのあとでごはんを加え、全体に混ぜれば出来上がり。この手順でやると、具によく味がしみて、ぱらっと仕上がる。これに対し、ごはんが先だと、べちゃっとした食感になりやすい。両方試してみると、違いがわかるだろう。

切り身のみそ漬けやかす漬けは、洗うべき？

切り身魚は、水洗いせずにそのまま調理するのが基本。

では、同じ切り身でも西京焼きのようなみそ漬けやかす漬けなどの魚は、どうすればいいのか？

うま味をいかすには、やはり水洗いはしないほうがいい。

ただし、みそやかすをつけたまま焼くと表面が焦げやすいので、キッチンペーパーなどで軽く取り除いておく。ちょっともったいない、と思っても、このひと手間が大事。下準備のあと、弱火でじっくり焼くと、焦がさずにふっくら仕上がる。

ごぼうサラダに適している部位は？

ごぼうは1本分が長い野菜なので、部位によって風味がちょっとずつ違う。

たとえば、上、中、下の三か所に切り分けた場合、上の方は繊維が太くて硬めなのに対し、下の方は繊維が細めでやわらか、真ん中はその中間といったところだ。

こうした違いが出るのは、下の方はまだ成長過程なのでみずみずしく、上に行くほど熟成されて組織がしっかりしてくるため。

そこで、料理に応じて部位を使い分けると、よりおいしく食べられる。

たとえば、サラダやあえ物など、生に近いしゃきしゃきの食感を楽しむなら、下部がおすすめだし、煮物やてんぷらなら、がっしりして香りが強い上部が向いている。中間部は、煮る、炒める、揚げるなど、どんな調理にも応用が利く。

高温、中温、低温……揚げ油の温度を目ではかるには？

揚げ物をするとき大切なのは、やはり油の温度。てんぷらのレシピなら「揚げ油を中温に熱し」のような解説があり、適した温度でないと衣がサクサクにならず失敗しやすい。

一般に揚げ油の温度は「低温」「中温」「高温」で表現され、低温は150～160℃、中温は170℃前後、高温は180～190℃が目安。この違いは熱した油に菜箸を入れてみれば、すぐわかる。

油が100℃を超えてゆらゆら動き出してからがチェックのタイミング。菜箸は、軽く水で濡らし、ふきんで拭き取ってから始めよう。

それぞれの温度のチェックポイントは、

低温は、箸先から細かい気泡がふわっと出る程度。

中温は、箸全体から気泡が出て、ゆらゆら上がってくる。

高温は、箸を入れるとジュワッと勢いよく気泡が出る。

てんぷら、とんかつ、唐揚げなど、揚げ物全般に合うのはやはり中温。冷凍食品を揚げるときは低温、きつね色に揚げるなら高温が適している。

てんぷらの衣やフライのパン粉で油の温度をチェック

油の温度をチェックするとき、てんぷらの衣やフライのパン粉を油の中に落としてみる方法もある。

・「てんぷらの衣」でチェック
低温は、衣を落とすと鍋底まで沈み、ゆっくり上がってくる。

中温は、衣が途中まで沈み、浮き上がってくる。

高温は、衣はあまり沈まず、すぐ浮き上がってくる。

つまり、高温ほど衣が浮き上がるスピードが速くなるわけだ。

・「フライのパン粉」でチェック
低温は、油の中でパン粉がゆっくり静かに広がる。
中温は、パン粉が全体に大きくゆっくり広がる。
高温は、パン粉が全体に勢いよく広がる。

前項の菜箸を使うやり方と共に、この二通りのチェック法も覚えておこう。その日のメニューに応じて使い分けを。

てんぷらの衣を「ざっくり混ぜる」のざっくりの程度は？

てんぷらなどの衣をつくるときは、「ざっくり混ぜる」という表現がよく使われる。

これ、要は「あまりよく混ぜないほうがいい」ということだ。

てんぷらの衣は、小麦粉（あるいは市販のてんぷら粉）に、水と卵を合わせた卵液を混ぜて作るが、感覚としては、粉っぽさが少し残る程度に軽く混ぜるのがいいのである。

この場合、箸で手早く切るようにすると、「ざっくり」した感じになる。それ以上混ぜると粘り気が強くなり、からっと揚がらなくなってしまう。

あえものはいつ混ぜるのがおいしいか

和の食卓に欠かせない、あえもの。素材全体に「あえ衣」と呼ばれるさまざまな調味料を混ぜて作るが、決め手は、やはり、あえるタイミング。

伝統的なごまあえから、みそあえをはじめ、大根おろし、マヨネーズ、木の芽など、あえ衣も多彩だが、おいしく仕上げる基本は食べる直前にあえること。時間がたつと水気が出て味がゆるんでしまうので、作り置きはしないほうがいい。

ただし、豆腐をあえ衣にする「白あえ」は別格。食べる30分程前にあえたほうが味がなじんでおいしくなる。

三杯酢は何が三杯？　二杯酢は何が二杯？

酢の物は、酢をベースにした「合わせ酢」を具材にあえてつくる。

よく使われる「三杯酢」は、ちょっと甘味のある合わせ酢で、もともと酢、しょうゆ、みりんを各一杯ずつ合わせて作ったことから、この名がついたという。現在は、みりんの代わりに砂糖がよく使われ、割合もさまざま。砂糖を使う場合、「酢3：しょうゆ1：砂糖2」の割合が一般的で、好みでアレンジしていく。

では、二杯酢は何が二杯なのか。そもそも、「二杯酢」とは、酢としょうゆの合わせ酢で、いわゆる酢じょうゆ。三杯酢との大きな違いは、甘味がないこと。「酢3：しょうゆ2」くらいのバランスがちょうどよく、海老やイカ、白身魚などの魚介類をあえる酢の物に向いている。

コラム　食の組み合わせ・食べ合わせのナゾ

あの絶妙な食べ合わせには理由がある

とんかつと千切りキャベツの食べ合わせが、栄養学的にも理にかなっていることは他章で触れるが、他にも、「体によい」とされてきた組み合わせには、ちゃんと理由がある。代表的なものをピックアップしてみよう。

・カレー＋らっきょう→胃もたれを予防

らっきょうは、カレーの薬味の定番。味の相性もいいが、らっきょうの香りに含まれる「硫化アリル」には、胃を保護したり、辛みを和らげて食欲を増進させる作用がある。こってりしたカレーにぴったりのパートナーなのだ。

・刺身+わさび、しその実

　↓生ものを食べても安心の殺菌力

わさびやしその実は、殺菌作用が強いので、生ものと一緒に食べれば安心。食中毒のリスクを下げ、胃の消化も助けてくれる。寿司と一緒に出されるガリにも同じ効果が。

・はちみつ+レモン

　↓疲れがすーっと抜ける

はちみつとレモンの組み合わせは、疲労回復に効果大。スポーツ後や風邪ぎみのときに飲むと、はちみつの糖分とレモンのクエン酸の相乗効果で体がすっきり。

・レバー+ニラ↓疲労回復の最強コンビ

ニラのにおい成分である硫化アリルが、レバーに多く含まれるビタミンB_1の吸収を高め、疲労回復力をアップ。レバニラ炒めがスタミナ食といわれるゆえんだ。

・ステーキ+クレソン

　↓辛み成分で食欲が増し、消化促進も

ステーキなどの肉料理のつけ合わせとして、クレソンは適役。クレソン特有のピリッとした辛み成分が食欲を増進させ、脂肪の多い肉の消化も助けてくれる。

・唐揚げ+レモン

↓クエン酸効果で消化吸収がスムーズに

唐揚げにレモンをかけて食べると、油っこさが緩和され、さっぱりした風味になる。しかも、レモンに含まれるクエン酸が消化吸収を助けてくれるので胃がもたれない。

・生ハム＋メロン

↓ハムの塩分をコントロール

オードブルでよく見かけるこの組み合わせにも、なるほどな理由が。メロンに含まれるカリウムが生ハムの塩分を排出してくれるので、塩分過多を予防できるという。

やってはいけない組み合わせにもワケがある

・てんぷら＋スイカ

↓油と水で悪循環に

油をたっぷり含んだてんぷらと水分の多いスイカを一緒に食べると、胃液が薄まって消化不良を起こすことがある。特に胃腸の弱い人は、注意。氷やアイスクリームなど冷たいモノとの組み合わせも胃腸に負担をかけるので×。

・クルミ＋酒

↓血圧が高い人は特に注意

クルミの実には血圧を上げる作用があり、酒と一緒に食べると体がのぼせやすくなってしまう。血圧が気になる人は、避けた方がいい。

・焼き魚＋漬物
　→レモンを添えてリスク緩和

和食ではあたりまえの組み合わせだが、塩分の摂り過ぎには気をつけたい。また、魚のたんぱく質が分解されてできるアミンという物質と漬物の亜硝酸塩が結びつくと、ニトロソアミンという発がん性物質を生み出すリスクも気になる。対策として、レモンをかけるとこの物質の生成を抑えられる。

コーヒー＋レモン＝？　不思議な味の足し算

味と味の組み合わせで起こる面白い現象として、一方の味がもう一方の味の強さを変える「味の対比効果」がある。

その効果を体験できるのが、「コーヒー＋レモン」の組み合わせだ。

コーヒーとレモンの輪切りを用意し、レモンを入れる前後でコーヒーの味がどう変わるかを比較してみると？　レモンを加えたあとは、コーヒーの苦みが強化される感じがする。

つまり、「苦味＋酸味＝もっと苦くなる（A＋B＝スーパーA）」の方程式。

まったく異なる味でも、一方がもう一方の味の強さを変える働きをするのだ。

このように、2種類以上の味を同時、または続けて味わったとき、何らかの影響を与え合うことを味の相互作用といい、味の対比効果もその一つ。

実は、私たちは料理をするとき、この

味の対比効果を度々利用している。たとえば、汁粉を作るとき、少量の塩を添加したり、スイカを食べるとき、塩をパッとふりかけると甘味が強められ、味が引き立ってくる。

これこそ、A＋B＝スーパーAによる味覚マジック。料理は塩加減が大事とよくいわれるが、砂糖１００gに対し、塩０・１gを加える程度でも、味の変化はあらわれるという。

そんな塩の威力は、ただのキャンディーと塩かけキャンディーを食べ比べるだけでもわかる。

表面にほんの少し塩をふりかけたとき、キャンディーの甘さがどう変わるか？　時間があるときテストしてみよう。

意外な味の足し算、食卓の話題に試してみよう！

味と味の足し算で「おいしい！」が生まれる組み合わせとは？「意外と合う」と評判の食のコラボをご紹介。

・オロナミンC＋牛乳

かなりイケる！　と以前から評判のこの組み合わせ。製造元の大塚製薬の公式ホームページでも「オロナミンミルク」として紹介されている、おすすめの飲み方だ。

作り方は、コップにオロナミンCと牛乳を同量入れ（もちろん、割合はお好みで変える）軽くかき混ぜれば出来上がり。

他にも、「卵黄＋オロナミンC」でつくる「オロナミンセーキ」など、応用自在。

・コーヒー牛乳＋ウイスキー

ウイスキーはコーヒー牛乳に混ぜると、おなじみのカクテル「カルアミルク」風に変化。ハチミツをちょっと足して甘味を出せば、より近い風味になる。グラス1杯のコーヒー牛乳に対し、ウイスキーの適量は大さじ2〜3杯程度。もちろんアイスコーヒーと牛乳を合わせてコーヒー牛乳を作ってもOK。

他に、紅茶にウイスキーをちょっと加えたあったかいドリンクや、バニラアイスにウイスキーをかけた大人のデザートなどもオススメ。

・アボカド＋わさびじょうゆ

寿司ネタとしても好まれるアボカドは、しょうゆと相性がいい。わさびじょうゆにつけると「まぐろのトロ味」になるという話題もあるが、よく熟れたアボカドほどその味に近づく。個々の味覚で感じ方は違うが、試してみる価値ありだ。

・豆腐＋オリーブオイル

器に盛った豆腐にオリーブオイルをたらっと回しかけ、好みでしょうゆや塩、こしょうなどをほんの少しプラス。たったこれだけで、気の利いたおつまみが一品完成。和と洋の絶妙な組み合わせで、ワインにもビールにも合う。

・みそ汁＋豆乳

豆乳みそ汁は、学校給食などにも登場するヘルシーメニュー。みそ汁に豆乳を加えることで、口当たりがまろやかになり、コクも増してやや洋風の味わいになる。見た目はちょっと白っぽいスープに変化。

・トースト＋のり、バター、しょうゆ

のりを使った和トーストは、喫茶店のメニューにもあるほどで、日本人の味覚によく合う。バタートーストに味つけのりをのせるだけでも十分おいしいが、しょうゆをつけてトーストするとさらに味が深まる。おにぎりの具のように、好みで、たらこや明太子を加えても。

・クリームチーズ＋おかか、しょうゆ

クリームチーズは和風にアレンジしてもおいしく食べられる。一口サイズに切ってからかつおぶしをまぶし、しょうゆを少したらせば、手ごろなおつまみに。忙しいときも重宝する。

「バニラアイス＋レモン」で何の味になる？

かつて「プリンにしょうゆをたらすとウニ味になる」といった食べ合わせネタが話題をさらった。

一見、あり得ない組み合わせから生ま

れる「別の味」を、皆がゲーム感覚で発明し、新ネタが次々誕生したのだ。その多くは、実際に口に含むと「正解」といわれる味とはかなり違っていたり、イメージしただけで「食べるのは無理」というようなものもあったが、遊びながら食べる楽しみ、試す楽しみはあとをひく。

中でも、違和感なく食べられ、「本物の味にけっこう近づく」という感想が多かったのは「バニラアイス＋レモン」の掛け合わせ。

どんな味が生まれるかというと、答えは「チーズケーキ」。

この食べ合わせは、かつてある新聞の調査でも「本物にかなり近い味」の第1位に輝いている。他にも、

・ようかん＋バター＝スイートポテト味
・バニラアイス＋しょうゆ＝みたらしだんご味
・きゅうり＋ハチミツ＝メロン味

などがあるので、話のネタに試してみるのも面白い。

マヨネーズでおいしい組み合わせドレッシングいろいろ

「マヨラー」という言葉があるように、何にでもマヨネーズをかける愛好家は多い。さまざまな料理とも相性がいいので、使っているうちに次々発見がある。こんな組み合わせも試してみよう。

・マヨネーズ＋刺身＋しょうゆ＋わさび

赤身の刺身にマヨネーズをのせ、しょうゆを少したすと……？　コクが増し、「トロ」風味に近づくという評判も。さらに、「マヨネーズ＋しょうゆ＋わさび」を合わせれば、和風カルパッチョソースに。まぐろやかつおの刺身によく合う。

・マヨネーズ＋○○で作るドレッシング

料理のプロたちもすすめる、マヨネーズベースのドレッシング。中でもおいしい組み合わせは、

・マヨネーズ＋みそ
・マヨネーズ＋ケチャップ
・マヨネーズ＋しょうゆ、ポン酢

みそやしょうゆをそれぞれ少量ずつ足して好みの味に調整していこう。温野菜やサラダにも合うので、日替わりで試してみるのもいい。

「納豆＋○○」の5段活用は納豆好きの基本です

納豆は、言わずと知れた健康食。ごはんのお供に、常食している人も多いだろう。マンネリを脱出するなら、他の調味料や食材をちょっと加えてみよう。ただ混ぜるだけで味に変化が。

・納豆＋マヨネーズ

納豆にマヨネーズを適量加えて混ぜるとクリーミーな味わいに。試すと「けっこうハマる」という声が多い。ポン酢やかつおぶし、ネギなども加えると、さら

に味が深まる。

・納豆＋砂糖

初めてだと抵抗を覚えるかもしれないが、地域によってはあたりまえというポピュラーな組み合わせ。砂糖を加えることで納豆の臭みが緩和され、マイルドな味わいに。

・納豆＋梅干し

和と和の組み合わせは、さすがによくなじむ。梅干しのすっぱみがちょうどよく緩和されて、ごはんがどんどん進む。

・納豆＋カレー粉

マンネリ脱出なら、これ。カレーの専門店にも納豆入りカレーがあるほどで、やってみるとすんなり混じり合う。

・納豆＋オリーブオイル

納豆にオリーブオイルをたらっと加えて混ぜるだけ。タレやしょうゆは好みでプラス。まろやかな味わいになり、パスタに和えても合う。

以上、混ぜる分量は好みで調整しながら、自分の舌にピタリとくる味を追究してみよう。

4

料理を楽しむ、食を味わう

Using this book,You Can Understand All the Respected Tricks of Cuisine!

計量カップの代わりに炊飯器のカップを使ってもいい？

クッキング中に「計量カップが見当たらない！」。そんなとき、頼りたくなるのは、炊飯器の専用カップではないだろうか。逆に、炊飯器用カップが見当たらないときは、計量カップが役立ちそうだ。ただし、要注意。この二つのカップは似ているがちょっと違う。もしも炊飯器用カップ1杯（1合）をそのまま計量カップ1杯（1カップ）として代用すると、「なんか、ちょっと味が足りないなぁ」ということになるし、逆に計量カップ1杯の米を1合に見立てれば「ごはんが硬い」と感じるだろう。

おさらいすると、計量カップの「1カップ」は200㎖。

一方、炊飯器用カップの「1合」は180㎖。

つまり、1合分を1カップとして使うと少なくなり、1カップ分を1合として使うと多くなってしまう。だから、ごはんは水の量が足りなくて硬くなる、というわけだ。「合」というのは日本古来から使われてきた単位で、米や酒を量るときは、今でも合を使う。微妙な違いなのでややこしいが、この量の差がわかればカップの代用も可能になる。いざというとき慌てなくてもよさそうだ。

やけに固いビンのフタをなんなく開けるコツ

いざ食事の用意をしようとしたら、食材や調味料の入ったビンのフタがビクともせず、あせったことはないだろうか？　たとえばジャムのフタ、マスタードのフタ、豆板醤のフタ……。そんなときは、ちょっと小休止。無理に開けようとせず、キッチンまわりにあるお役立ちグッズに助けてもらおう。

まず「輪ゴム」。数本の輪ゴムを束ねてビンのフタに巻き、ゴムと一緒にフタをぐっと回してみよう。ゴムがすべり止めになってくれるので、コチコチに固かったフタがスッと不思議なほど簡単に動く。次に「ゴム手袋」。これも、すべり止め効果をねらった作戦。ゴム手袋をした手で、フタをひねるだけでいい。三つ目は「スポンジ」。キッチンにある食器洗い用のスポンジでも何でもOK。フタにスポンジを当ててからひねると、やはりすべりにくくなり、スムーズに開けられる。

金属製のフタがビクともしないときは、温めてゆるめるのが近道。ガスの火にフタの部分を当ててあぶるか、お湯に少しつけてからひねってみよう。

一流の包丁使いは、まず「姿勢」を意識する

包丁で食材を切る作業は、手元だけで行うものではない。動かすのは手元だけでも、実は全身を使ってやるもの。切るときのポーズは、料理の味を左右するほど重要なのだ。

悪い姿勢からいうと、体を真正面に向けて立つのはＮＧ。まな板とまっすぐ向かい合って立つと、包丁を動かすスペースに余裕がなくなり、切りづらくなるのだ。実際にやってみるとわかるが、体がとても窮屈。包丁は自然と斜めになり、まな板を有効活用できなくなってしまう。

正しい姿勢のポイントは、①調理台から握りこぶし一つ分だけ離れて立つ。②包丁を持つ方の利き腕側の足を半歩引き、体をやや斜めにして立つ（つまり、右手で包丁を持ったら右足を少し引く）。③足は肩幅程度に開く。④包丁はまな板に対し

て直角に置く。⑤食材を真上から見下ろすように立つ。

スペースに余裕をもたせ、切る食材に全身を集中させることが大事。この基本姿勢が決まれば、体が安定し、包丁の扱いもスムーズになる。正しい姿勢は、すなわち安全な姿勢。姿勢が悪いほどリスクを伴うので、さっそく改めたい。

刃先から角、みねまで、包丁1本を使い切るワザ

包丁の「みね」とはどの部分かわかるだろうか？

みね（峰）の文字からもわかるように、包丁の「背」の部分のこと。

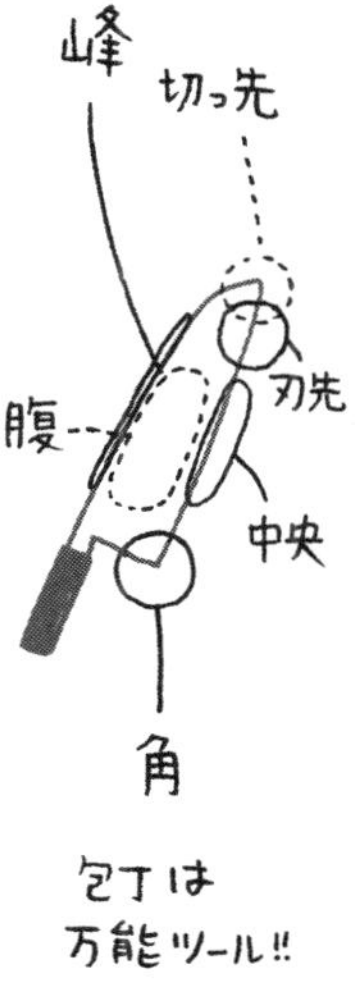

普段、野菜や肉を切るときよく使うのは刃の中央部。せん切りもみじん切りも刃の真ん中を主に使うが、使えるのはここだけではない。包丁の刃というのは、角からみねまで、まるごと使える万能なツール。切り方によって各部の使い分けができるのだ。

パーツ別に見ていくと、「みね＝背」はステーキ用の肉をたたいたり、ごぼうの皮をタワシでこすったあと、気になる汚れをこそげ取るときに使う。柄にいちばん近い「角」は力を入れやすい部分なので、じゃがいもの芽をえぐるような作業に。「角」に近い「刃元」のあたりは、じゃがいもや里いもの皮を丸ごとクルクルとむくとき都合がいい。「刃先」は、細かい作業に向いているので、肉の筋を切るときやごぼうのささがきなどに。

先端の「切っ先」は、トマトのヘタをくりぬくときなどに便利。そしてもう一つ、刃と峰の真ん中の「腹」にも使い道があり、ニンニクをたたいて押しつぶすようなときに使える。

包丁1本をフルに使いこなすことができれば、料理上手の仲間入り。

包丁を動かす向きを変えると、切れ味が変わる不思議

よくといだ包丁を使っても、食材が硬すぎてうまく切れないことがある。そんなとき、やたらと包丁をギコギコ動かしても労力の無駄。「包丁を動かす方向」をちょっと見直してみよう。

コツは、硬いものは向こう側にぐっと押しながら切る。逆に、やわらかいものは手前に引くように切る。

たとえば、ごぼうは押して切る。刺身は引いて切るとうまくいく。たったこれだけで、食材に加わる力が調節でき、すんなり切れるようになるのだ。

さらに上手に切るために、包丁の正しい握り方をおさらいしておこう。まず、柄の部分を手のひら全体で握ることが基本。親指は柄のつけ根に当て、人差し指は柄にぐるっとかけ、峰の上に少しのるようにすればぐらつかない。やわらかい食材を切るときは、人差し指をまっすぐ峰の上に伸ばしてもいい。

食材を押さえるほうの手は〝猫の手〟がお手本。卵を軽く握るようなイメージで

指先を内側にちょっと丸める。丸めた指の第一関節に包丁の腹を当ててそのまま関節に沿わせながら包丁を上下させると、手元が安定。料理のベテランふうに決まる。

なぜチーズカット用のナイフは波型なのか

刺身包丁に出刃包丁、菜切り包丁に中華包丁、そして、ペティナイフにフレンチナイフ……。一口に包丁といっても大きさも形状もさまざまで、用途に応じて使い分けられている。

そんな包丁の中でも異彩を放っているのがチーズ切り用のナイフだ。あのギザギザの波型には、それなりのわけがある。

試しに普通の包丁でチーズをカットしてみると、波型になっている理由がよくわかるだろう。

包丁で材料を切ると、下へ押す力の一部が両側に押し分ける力に変換され、モノが切断される。当然、包丁とモノとの間に摩擦が生じる。

チーズというのは密度の高い食品だから、普通の包丁を使うとチーズがピタリと密着して大きな摩擦を受ける。ときにはチーズに食い込んだ刃が動かなくなってしまうこともある。

しかし波型の刃を使うと、どうだろう。刃とチーズ面に隙間が出来ることになるので密着度がやわらぎ、摩擦係数が少なくなる。少ない力でスムーズに切れるというわけだ。

やはり、キッチンにチーズ切り用ナイフは必需品。ビールのおつまみにちょっと欲しいというときは、専用ナイフで形よく切っておいしそうに盛り付けをしたい。

「細切り」と「千切り」の微妙な違いは？

素材を細く切るときの表現に、「細切り」と「千切り」がある。どちらがより細く切るかといえば、「千切り」の方だ。

サイズの目安は、「細切り」が長さ4〜7㎝、太さは2〜3㎜程度なのに対し、「千切り」は、長さは同じでも、太さが1〜2㎜程度になる。この違いを頭に入れて、レシピ通りに作ると、より完成度の高い料理になる。

「たっぷりの湯でゆでる」ほうがいいのはなぜ？

ホウレンソウや小松菜などの青菜類をゆでるとき、料理本のレシピを見ると、「たっぷりの湯で」とよく書いてある。

なぜたっぷりの湯なのか？　そのワケは、まず湯の量が少ないとゆでムラができやすいことがひとつ。もうひとつは、野菜を入れたとき湯の温度が下がりすぎ、再度沸騰するまでに時間がかかってしまうからだ。長い時間ゆでていると、そのぶん野菜の栄養素が湯に溶け出し、色も悪くなってしまう。

栄養を逃がさず、見た目においしそうに仕上げるなら、「沸騰したたっぷりの湯でさっとゆでる」のが正しい。

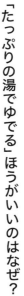

「適量」と「適宜」の違いはどこにある？

料理のレシピでよく見かける「適量」、「適宜」という二つの表現。似ているようでちょっと意味が違う。

「適量」は、ちょうどいいと思う量を加減しながら入れること。

一方の「適宜」は、必要なら入れる、必要なければ入れなくてもかまわない、ということ。

つまり、必ず入れるのが「適量」、入れるか入れないかを好みで選べるのが「適宜」だ。

「ひと晩おく」のひと晩の目安とは？

下ごしらえしたあと「ひと晩おく」「ひと晩寝かせる」とレシピに書いてあったとき、その時間の目安は、最短で6時間程度。

あまり厳密に考えなくても、この時間の目安さえ守っていれば大丈夫。夕食に出す料理の仕込みを午前中にやっておいてもかまわない。

「一昼夜おく」なら、夜から次の夜にかけての24時間、「半日おく」なら12時間が目安だ。

「少々」と「ひとつまみ」で分量はどのくらい違うのか

レシピによく出てくる「少々」という言葉。「塩少々をふりかけて……」といわれれば何となくわかるが、具体的にどれくらいなのだろう？

小さじでも量れないほど「ちょっと」なので料理本でも教えてくれないが、「少々」の目安は親指と人差し指でつまんだ分量。食塩なら約０・４g＝小さじに相当する。本当に微妙な量。容器入りの食塩を振りかけるなら、軽くひと振り「パッ」とやれば少々になる。

調味料が液体だと少々の目安も変わる。「フライパンに油少々」という場合は、小さじくらい。フライパンの表面にうっすら油がにじむ程度と考えればいいだろう。

「少々」とよく似た「ひとつまみ」は、親指と人差し指に中指を加えてつまんだ分量。つまり、「少々」より「ひとつまみ」の方が中指１本分だけ多いことになる。具体的には約０・８g＝小さじが目安で、塩の容器からなら２振り程度「パッ、パッ」とやればいい。

とはいえ、料理の味付けの好みは人によって変わる。大切にしたいのはむしろ「勘」だ。

「味をととのえる」とは何をどうととのえること？

塩、こしょう、しょうゆなどで、好みの味に調整することを「味をととのえる」という。

味見をしてから「何か足りない」と思った調味料を加え、仕上げて行けばいい。その際、いきなりたくさんの量を入れ過ぎず、少しずつ足していくのがポイント。好みの味に出来ていれば、特に加える必要はない。

そもそも「粗熱を取る」の粗熱とは？

加熱した直後の素材は触れないほど熱くなっているが、これが「粗熱」。このアツアツの状態から少し冷まして扱いやすくすることを「粗熱を取る」という。すると、他の素材と合わせやすくなったり、皮がむきやすくなったりする。

どの程度冷ませばいいかというと、手で触れられる程度が目安。実際に触れて、確かめてみればわかりやすい。そのまま放置しておけば自然と冷めるが、早く冷ましたいときは、バットやざるに移し、平たく並べておくといい。

そもそも「湯せんにかける」の湯せんとは？

お菓子づくりのレシピでよくあるのが、バターやチョコレートなどを「湯せんにかけて」という表現。これは、バターやチョコレートを入れた容器をお湯を張った鍋やボウルにつけ、間接的に温める方法。直火ではないので、材料にゆっくり熱を通すことができ、焦げ付く心配がない。

はかりもカップもいらない〝目ばかり〟のコツ

卵1個の分量は「約50g」。

これは、よくいわれる「目ばかり」の基準である。卵1個の大まかな分量を知っておくと、他の食材についてもグラム数の見当がつけやすくなるのだ。

たとえば、「里いも1個」や「小さめのじゃがいも1個」は、卵1個と同じくらいの大きさなので「だいたい50g」と目測できる。

また、切ったニンジンにしても大根にしても、ごはんやみそにしても、卵1個の大きさと比べれば、約50gをイメージしやすくなる。当然、倍の「100g」は、卵2個で目測すればいい。

さらに、「手ばかり」という方法を使う手もある。たとえば、刻んだ野菜は、女性の片手に山盛りにしたくらいが「約100g」。これは、キャベツの葉ならだいたい2枚程度。「約200g」は、両手に山盛りにしたくらい。きちんと量るのがめんどうなときも、目ばかり、手ばかりのコツを知っていれば大丈夫。

「大さじ$\frac{1}{2}$」はスプーンの半分ではないって本当？

料理に必須の大小の計量スプーンは、大さじ1が15㎖、小さじ1が5㎖。では、「大さじ$\frac{1}{2}$（7・5㎖）」は、どうやって量るのがいいのだろう？　スプーンの形は底が曲面で狭くなっているため、単にスプーンの半分まで調味料を入れても$\frac{1}{2}$にならない。量が足りなくなってしまうのだ。

そこで、しょうゆやみりんなど液体の調味料は「スプーンの深さの7分目強」くらいを目安に入れる。つまり、見た目の深さの半分より必ず多めに入れるのがコツ。参考までに、液体は「表面張力」を計算に入れるため、「大さじ1」を量るときはふちまでいっぱいいっぱいに入れること。少し盛り上がって見えるくらいがちょうどいい。

砂糖や粉などは、「すりきりにして一杯」が「大さじ1」の正確な分量になる。「大さじ$\frac{1}{2}$」を量るときは、①まず1杯分を山盛りにすくい、指や箸ですりきって（平らになでて余分な量を落とす）正しい大さじ1の量にする。②目測でいいから真ん中で半分に分け（または、箸の先などで真ん中に線を引く）、半量を取り除いた残りが「大さじ$\frac{1}{2}$」ぴったりになる。さらに半分を取り除けば「大さじ$\frac{1}{4}$」に。「大さじ$\frac{1}{3}$」は、小さじ1と同じなので、小さじを使ったほうが早い。

「ひたひた」と「かぶるくらい」、水の量はどっちが多い？

煮たりゆでたりするときによく使う「ひたひたの水」と「かぶるくらいの水」という表現。二つを比べて、水の量が多いのはどちらか？

答えは「かぶるくらいの水」。

具体的にいうと、まず「ひたひた」は、材料を鍋やボウルに平らに入れ、材料の頭が見え隠れするくらいが基準。つまり、水面からちょっとのぞく程度。かぼちゃ、じゃがいも、里いもなど、切った野菜を煮るときは、たいていひたひたの量で作る。そうすると、材料が水の中で踊らず、煮くずれを防止できるのだ。

もう一方の「かぶるくらい」は、ひたひたよりちょっと多め。材料全体が水の中に浸り、頭がぎりぎり隠れるくらい。薄味の煮物を作ったり、ひじきや切り干し大根などの乾物をもどすときにはこちらの水かげんがいい。

「たっぷりの水」といういい方もあるが、これは文字通りたっぷりめ。材料全体が水にすっかり浸り、さらに充分な水がある状態をいう。調理の「基本のキ」として、それぞれの違いを覚えておきたい。

強火、中火、弱火……知っているようで知らないその「目安」

たとえば、ハンバーグを焼くときは、まず「強火」にして表面を焼き固め、うまみを閉じ込める。その後「弱火」にしてじっくりと火を通す。野菜炒めは、たいてい始めから終わりまで「強火」で一気に仕上げる。

このように、料理の出来を左右する火加減だが、何を基準に判断しているだろうか？

ガスコンロのレバーを全開にすると「強火」、レバーを動かして火が消えない程度にするのが「弱火」、強火の半分くらいが「中火」……もし、そのように考えていたら、ちょっと違う。

その判断の誤りが、エネルギーの無駄使いをもたらしているのだ。

厳密にいえば、「強火」といってもガスのレバーを全開にする必要はない。鍋やフライパンの底全体にしっかり炎が当たるのが強火だ。

そして、「中火」とは鍋底に炎の先端が当たるか当たらないかのスレスレくらい。「弱火」は、コンロのガスの穴と鍋底のほぼ中間に炎の先端がある状態をいう。ちなみに「とろ火」とは、弱火よりもさらに弱い火のこと。やっと火がついているという、消えそうで消えない炎の状態のことだ。

水溶き片栗粉の水の分量の目安とは？

あんかけなど、料理にとろみをつけるために使う水溶き片栗粉。仕上げに加えるとツヤとコクが増すが、では、どのくらいの分量の水で溶くのがいいのか？

絶対のルールはないが、片栗粉と同量から2倍程度の水で溶くのが一般的。家庭料理なら、大さじ1の片栗粉に対し、水大さじ2くらいが適量。あとは、好みに応じて、水の量を調整すればいい。

水溶き片栗粉をダマにしない、ちょっとしたワザ

水溶き片栗粉は一気に入れるとダマになりやすい。そこで、一度火を止めるか弱火にしてから少しずつ入れ、軽く混ぜ合わせるようにするといい。

もう一つの方法は、とろみが出ても、すぐ火を止めないこと。強火にして必ず沸騰させ、しっかり火を通すことで、とろみがいい具合に定着する。

揚げ物のハネを防ぐ基本のコツ、知っていますか？

揚げ物をするとき「油のハネが怖い」と思っているなら、次の3つの予防策を試してみるといい。

1 まず、衣をつける前に素材の水分を十分に取っておく。

2 油に入れるときは、鍋の縁からそっと滑らせるように入れる。ドボンと入れるのは×。

3　油に素材を入れたあと、慌てて手を引っ込めない。
これだけでも、ハネのリスクはかなり軽減できる。怖がって腰がひけてしまうと動作が雑になり、かえって危険だ。

「一煮立ち」で料理がおいしくなる本当の理由

「一煮立ちさせてから……」、これもレシピに度々登場する表現だ。

ところが、料理のビギナーにしてみれば、その「一煮立ち」がどれくらいなのか見当がつけづらい。

ここでいう「一（ひと）」というのは、煮立ってから「一呼吸」というほどの意味。鍋の中のお湯が沸騰したところに材料を入れると湯の温度が下がる。その瞬間から、再び沸騰するまでのわずかな時間が一煮立ちの「一」。約30秒くらいだ。

短時間とはいえ、一煮立ちは食材によりよい変化をもたらす。具が温まるのは当然のこととして、材料に煮汁がまわってほどよく味がなじむ。

また、三つ葉や絹さやなどは、歯ざわりを残しつつ、色鮮やかに仕上げることができる。「一煮立ち」の効果は思った以上なのだ。

湯通し、ゆがく、ゆでる……その違いはなんだ?

湯通し。ゆがく。ゆでる。これは加熱時間が短い順に並べたものだ。材料に火を通すことは同じでも、ちょっとずつ時間や方法が変わるのだ。

まず、いちばんのクイックコースが「湯通し」。材料をさっと湯にくぐらせたり、熱湯をかけることで、表面の汚れを取ったり、油を洗い流すのが目的。つまり、熱湯で洗うわけだ。

「ゆがく」は、沸騰した湯に入れてさっと火を通すこと。「ほうれん草をゆがく」というように、主に葉もの野菜の下ごしらえなどはこの方法。しっかりと煮込むわけではないので、野菜がしんなりしたところで素早く取り出すタイミングが重要になる。

「ゆがく」を通り過ぎて、しっかり火を通すのが「ゆでる」。これは誰でも知っているように、水やだし汁でしっかり煮る調理法のこと。

もう一つ、「ゆでこぼす」というのもある。これは材料をゆでて沸騰したらその汁を捨てる方法。ごぼうのアクやサトイモのぬめりを取りたいときなど、ゆでこぼすとスッキリした味に仕上がる。

「スがたつ」のを防ぐいちばんいい方法は？

茶碗蒸しやプリンをつくるとき、表面や内部に細かいぶつぶつが出来てしまうことを「スがたつ」という。つまり、「ス」とは細かい穴のこと。スが入るのは仕上がりとしては失敗作で、口当たりも風味も悪くなってしまう。

スがたつ主な原因は、加熱の仕方にある。強火で急に熱すると、水分が沸騰する前に卵のたんぱく質が固まり、水蒸気が行き場を失ってスカスカの穴ぼこになってしまうのだ。対策としては、鍋底に布巾をしくか、蓋をずらすなどして温度調節をする。

ところで、大根やごぼうなど、野菜の中心部にあいた小さな穴も、スという。やはりスが入った野菜は水分が抜けて見た目も味もいまひとつ。購入は控えた方がいい。

「しょうが1片」ってそもそもどのくらい？

「しょうが1片」というのも、わかったようでよくわからない表現だ。

1片とは「ひとかけ」と読み、全体の中のひとかけらのこと。

しょうがの場合、ニンニクのように房に分かれているわけではないので、個々の解釈で一片を決めるとかなり差が出てしまいそうだ。

そこで、覚えておきたい目測のコツは、「しょうが1片＝親指の頭大の大きさ」ということ。

大人の親指の第一関節より上をちょっと太らせたくらいで、分量にすると約20g。大きなかたまりを切り分けるとき、目安にするといい。

これに対し、「ニンニク1片」は1房のことで、約10g。こちらは、1玉をほぐして1房に分けて使えばいいので簡単。大きめだと感じられるものは、少しカットして小さくし、小さめのものはちょっと足して分量を調節していけばいい。

バターを大さじ&小さじ1杯に切り分けるワザ

レシピ本に「バター大さじ1」とあったとき、量ったり切り分けたりせず、すぐ使える方法がある。ひと箱分のバターを16等分すればいいのだ。

普通サイズのバターは、ひとつ200g程度。これを16等分すると、12・5gで、大さじ1杯の目安になる。

切り分ける手順は、まず縦に2等分し、さらに横に8等分するだけでOK。あらかじめ切っておけば、料理のとき手間なしでとてもラク。「バター小さじ1」なら、大さじ1杯分の一切れをさらに三等分（約4g）すればちょうどいい量になる。

味付けの順番はやっぱり「さしすせそ」がいいワケ

「煮物の味つけが、いつもぱっとしないんだけど……」。ならば、調味料を入れる順番をまず見直してみるといい。

では質問だが、「砂糖」と「塩」では、いつもどちらが先？

正しいのは、砂糖が先で塩があと。よく、和風料理の味付けのコツは「さしすせそ」といわれる。調味料を入れる順番のことで、「さ＝砂糖」、「し＝塩」、「す＝酢」、「せ＝しょうゆ（昔は「せいゆ」と書いた）」、「そ＝みそ」。

これは語呂合わせではなく、ちゃんと科学的な根拠がある。砂糖は、材料をふっくらやわらかくする役目があるのと、分子が大きくて浸透しにくいという理由で、入れるのはいちばん先。塩は砂糖より分子が小さく、素材を締める働きもあるので、2番バッターがいい。塩を先にすると、材料に味がしみこみにくくなるので注意。特に、材料をじっくり煮込むときは「さ」と「し」の順番を厳守したい。

酢は熱しすぎると酸味がとんでしまうので塩のあと。しょうゆ、みそは、香りをとばさないように、やはり後半に入れる。

番外として「みりん」はいつ入れればいいかというと、料理によってタイミングが変わる。甘みを出す調味料とはいえ、砂糖とは逆で材料を引き締める働きがあるからだ。そこで、てりやツヤを出すときは最後に回し入れ、煮魚など、煮くずれさせたくない料理のときは先に入れるのがいい。

ラクして料理のプロになる「アルミホイル」活用術

キッチンの名脇役「アルミホイル」。材料を包んで焼いたり、オーブンで焼くとき食材の下に敷いたり、と応用自在。調理と手際アップのために、こんな方法も試してみよう。

・即席「落としブタ」にして使う

「落としブタ」とは、煮物や煮魚を作るとき材料の上に直接のせるフタのこと。少ない煮汁で味をムラなくしみ込ませたり、表面の乾きや煮くずれを防ぐのが目的だが、専用のフタがなくてもアルミホイルで代用できる。

使い方は、鍋の大きさに合わせてカットし、材料の上にふわっとかぶせるだけ。そのままコトコト煮れば、ほっくりとおいしい煮物が出来上がる。

コツは真ん中を切って小さな穴を開け、蒸気の逃げ道を作っておくこと。使い捨てできるので、衛生的なのもありがたい。

・しょうがおろしをカンタンにする

おろし器のデコボコの上にアルミホイルをのせ、その上でしょうがをすりおろす。こうすると、おろし器に繊維がつかず、無駄なくまるまる使える。しかも、おろし器が汚れないので後片付けもラク。使い終わったホイルは、そのまま捨てればよい。

・しょうがとごぼうの皮むきピーラーに

アルミホイルをくしゅくしゅと丸めれば、有能なピーラーに変身。ごぼうは、泥を洗ってから表面をアルミホイルで上から下へなでるだけ。こそげる（表面を軽く削り落とす）程度でいいので、これで充分。しょうがの皮はデコボコしてむきにくいが、アルミホイルでこすり取っていけば手早く処理できる。

5

盛りつける、並べる、片付ける、保存する

Using this book,You Can Understand All the Respected Tricks of Cuisine!

おいしいパスタの実践「盛り方」講座

料理の印象は盛り付け方一つで驚くほど変わる。人と同じで〝見た目〟もすごく重要なのだ。たとえばパスタの盛り付けだが、見た目の好感度アップの鍵を握っているのは、ずばり「高さ」。

おいしそうに見えるパスタは、お皿の中心にこんもりと高く盛られている。これに対し、おいしそうに見えないパスタは、お皿いっぱいに平らに盛られている。同じゆでたてのシコシコ麺でも、盛り方が悪いと麺がダラ〜ッとのびたような印象になり、損してしまう。

高さがあるかないか、中心にまとまっているかいないかで、歴然と差が出てしまうのだ。

上手に盛るコツだが、まず一つはスパゲティ用のトングを使ってパスタをはさみ、意識的に山高に盛り付けること。二つ目は、ひねりを入れてからパスタを離すこと。そう、ポイントは、こんもり盛ってグルッとひねる。

こうすると自然でなだらかな山が作れるのだ。その上からソースをかけ、ハーブなどを添えて完成。

冷やし中華やぶっかけそうめんなども、中心を高く盛り付けると見た目のおいしさが増す。中華麺やそうめんの場合、あらかじめ麺を三等分し、3分の1量ずつを手でふわっとのせて積み重ねていくとうまくいく。

クリーム系パスタを一瞬でおいしそうに見せるワザ

生クリームや牛乳ベースのクリーム系パスタは、色が単調になりやすいので、トッピングで華やかさを出す工夫をしたい。

クリーム色に映えるのは、グリーンなどの濃い色だ。カルボナーラなら、バジルやブラックペッパーをちょっと足すだけでメリハリが出て、見た目においしそうな印象になる。

他にも、具材に応じて刻んだパセリやネギをトッピングするなど、盛り付けのひと手間で差がつく。

やわらかいケーキやサンドイッチを切る前にやっておくこと

サンドイッチやケーキをカットして食べるとき、ふわふわなものほど包丁を入れるのがやっかい。その場合は無理に切ろうとせず、あらかじめ包丁を温めておくといい。

温める方法は、包丁をガスの火でさっとあぶるか、お風呂よりちょっと熱めの45℃前後の湯に包丁をつけるか、主に二通り。湯につけたときは、水気をよく拭き取ってから使う。

熱した包丁だと、切った面の油脂分がほどよく溶けてまとわりつかなくなるため、切れ味がよくなる。

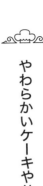

和食と洋食でつけ合わせの位置はどう違う?

「前盛り」という料理用語がある。これは、和食でメインになる料理に添えるつけ合わせのこと。たとえば焼き魚に添える大根おろしやはじかみ（筆しょうが）がそうだ。ちょっと置いてあるだけで見た目が引き立ち、食べれば口の中がさっぱりしておいしさが増す。

この前盛りを置く位置は、文字通りメインの手前と決まっている。それも、真正面ではなくてちょっと右寄りだとバランスがよく、箸も運びやすくなる。和食の場合、盛り付けの考え方は「大きいものが奥、小さいものが手前」が基本なのだ。

面白いことに、洋食になるとつけ合わせの位置が逆転する。ハンバーグにしても、ステーキにしても、一緒に盛る野菜などは必ず奥。こちらは「大きいものが手前」が盛り付けの基本。理由は簡単で、そのほうが食べやすいから。洋食はナイフとフォークで切り分けて食べるので、メインは手前にあったほうが都合がいいのだ。つけ合わせの数が少ないときは、右奥に置くとバランスがよくなる。

見た目のおいしさを決める料理と器の比率とは？

「食器は料理の着物」といわれるが、料理と着物のバランスが悪いと料理はおいしそうに見えない。お皿が隠れるほど料理をどっさり盛ったときも、逆に大きすぎるお皿にほんの少し盛ったときも、料理ばかり、お皿ばかり目立って食欲はそそられないものだ。やはり、着物はきつすぎてもゆるすぎてもダメなのだ。

料理にいい着物を着せるなら、まず気をつけたいのが「料理」と「器の余白」の比率だ。

お皿や浅い鉢に料理を盛る場合、料理と器の余白の比率は「6対4」が目安。「ちょっと盛る量が少ないかな？」というくらいがちょうどいい。

たとえ料理を多めに作っても、盛り付けるときは量を控え、必ず器の周辺に十分な余白を残すようにする。

使う器はついワンパターンになりがちだが、料理を引き立てる色、形、模様など、相性を考えて一つ一つ選びたい。面白い〝カタチの法則〟がある。素材が丸い形のときは角ばった形の器、逆に素材が角ばった形のときは、丸い形の器。あえて違う形を合わせることでバランスがよくなるのだ。

料理と器の調和がとれると、作り慣れた料理でもぐっと洗練されて見えるから不思議。

ステーキの見栄えをよくする赤、緑、黄色の法則

食欲が増す盛り付けを考えたとき、どうしてもはずせないのが「彩」。

では、見た目においしそうな色とは？

基本は、「赤、緑、黄」の三色。

刺激的で食欲がわく赤と黄色、そして、すがすがしいグリーン、これらの色の食材をほどよく合わせると、きれいでおいしそうな料理に仕上がる。

たとえばステーキを盛り付ける場合、焼き上がった肉をドンと皿におくだけでは、どんな高級肉でも視覚的にぱっとしない。では、そこに基本の3色を加えると？

ニンジンの赤、ホウレンソウなど葉物のグリーン、ポテトやコーンの黄色、のように、付け合わせで三色を加えると、がぜん見た目が華やいでおいしそうになる。

サラダの彩がさえないときも、トマトやパプリカなどで赤や黄色をプラスし、色の味付けを工夫してみよう。

ステーキの向きは、脂身が奥、太い方が左が基本

サーロインステーキやソテーを盛り付けるときは、向きに注意。覚えておきたいポイントは次の二つ。

1　脂身があるほうは、奥。
2　幅の広い方は、左に向ける。

たったこれだけで、安定感が出る。試しに向きを逆にしてみると、違いがよくわかるだろう。

食べる順番は「左手前から」なので、大きい方から切り分けて食べればいい。

ごはんとみそ汁の配膳ルールを確認しよう

ごはんとみそ汁は、和食メニューの基本。配膳のときは、この二品をまず手前に置くのが日本人の常識である。

では、「右に置くのはどっち？」と聞かれたら？　改めて問われると「あれぇ、どっちだっけ……」と迷う人は少なくないだろう。あたりまえすぎてうっかりしやすいのが、ごはんとみそ汁の位置関係なのだ。

正解からいうと、右がみそ汁で、左がごはん。

いうまでもないが、箸を置く場所は、ごはんとみそ汁の手前。箸先は左に向くようにしてヨコに置く。

この配膳ルールは、一人分を食膳にのせて食べていた時代の名残で、箸が運びやすいよう計算されたものだという。一汁三菜の場合、魚や肉料理などの主菜は左奥、副菜は右奥。漬物や酢の物などの小さめの副菜は、全体の真ん中あたりが定位置。

家庭では和洋折衷の献立も多いので、いつもこの通りにはいかないが、どんなときも「ごはん、みそ汁、箸」の3点の配置だけは正しくおさえておきたい。

焼き魚は頭を左にして置くのはどうして？

おいしそうな鯛が手に入ったので、姿焼きにしたとする。その場合、盛り付けるときの頭の位置は？

もちろん「左」。

焼き魚でも煮魚でも、一尾魚を皿に盛るときは、頭が左、尾が右、腹が手前、というのが和食のルール。食べる人に背を向けないように盛り付けるのが、昔からの日本人の決まりごとなのだ。

さんまのように長い魚は半分に切って焼くと食べやすいが、その場合、盛り付けるときはまず頭つきの方を左手前に置く。尾の方は奥。

例外はかれいで、原則的に頭を右にして盛る。

その理由は目の位置。

かれいの特徴は表側の黒い皮のほうに目が二つ並んでついていること。この目のある方を上、腹側を手前にすると、頭は自然と右側にくるのだ。

切り身魚はどうかというと、皮を向こう側か上にして盛り付けるのが基本。

洋食の場合も、一尾魚を使った料理では頭が左、腹が手前という盛り付けの基本は同じだ。

和洋どちらであれ、魚が泳いでいるようにイキイキと、そしてきれいに盛り付けることを心がけよう。

盛り付けたときキレイに見える魚の焼き方

魚を焼くときの順番は、「盛り付けたとき上になる方が先」という考え方もある。すると、盛り付けたときキレイに見える。

一尾魚なら、皿に盛るとき頭が左にくるので、そちらの面を先に焼き、きれいなこげ目がついたら、ひっくり返して逆側を焼く。切り身は皮が表か奥にくるように、干物などの開きなら、表にくる身のほうを先に焼く。

ひっくり返すのは、1度だけ。これはステーキを焼くときと同じだ。

お茶とお菓子にも〝定位置〟はあるのか

お茶とお菓子も、ごはんとみそ汁のように知っていてあたりまえの位置関係がある。

ふだんは、「どっちが右で、どっちが左」とはあまり考えないものだが、正しいのは、右がお茶で左がお菓子。

身内でティータイムを楽しむときも、お客さんにお茶を出すときも、この基本ルールはおさえておきたい。もちろんお客さんに対しては、「相手から見て右側」にお茶を置くこと。

さらに注文をつけるならば、お菓子の方を〝ちょっと手前〟に置くと、食べやすくなって親切。おしぼりを一緒に出す場合は、「お茶の右」、お茶だけ出すときは「真ん中かちょっと右寄りに置く」と覚えておこう。

ところで、お茶うけのようかんやカステラを切り分けるとき、食べやすい厚さの目安は1・5㎝。これを一人二切れ出すと見た目にバランスがいい。ちょっとした盛り方の気配りで、お客さんに与える印象もぐっと良くなるものだ。

おいしく見える冷やし中華は具の切り方が違う

夏になると恋しくなる具だくさんの冷やし中華。〝中華〟といっても発祥は日本で、麺と一緒にあの酸味のきいた汁やゴマだれをすすると、日本人としての喜びを感じたりする。

さらに幸せな気分に浸るために、見た目をよくするちょっとしたワザを覚えておこう。

ぱっと見た印象を大きく左右するのは「具の切り方」。冷やし中華の場合、具が多いので、のせ方が雑になりがち。材料を適当に切ってごちゃごちゃっとのせると、それだけでおいしさは半減してしまう。

視覚でグレードをあげるには、具をばらばらに切ってはいけない。ハムやチャーシュー、きゅうり、錦糸卵など、おなじみの具材はできるだけ長さと幅を揃えて切ること。切り方で足並みを揃えると、具の種類が多くても盛り付けやすくなるものだ。

麺は前述の要領でゆるやかな山型に盛り、その上に具をお行儀よくのせる。向きを揃え、中心に集めるようにタテに並べるときれい。

最後にごまや細切りのしょうがをトッピングして完成。お店の冷やし中華もしのぐ上等な仕上がりになる。

刺身の盛り方には数のルールがあるって知ってた？

刺身を盛り付けるとき、気をつけていることはあるだろうか？　普段のおかず用だと「パックから出して、そのまま適当に」となりがちだが、刺身の盛り付け方には昔から伝わる決まりごとがある。

ポイントは「数」。奇数単位で盛るのが正しいのだ。

その理由は、日本人が古くから「奇数は縁起のいい数」として好んでいたため。1種類であれ数種の盛り合わせであれ、5切れや7切れなど、奇数単位で盛るのがよいとされている。ただし、9は「苦しむ」とされているので避けること。また、数種の刺身を盛り合わせるときも、「3種盛り」や「5種盛り」のように奇数の取り合わせにするのが○。

さらに、見た目に「おいしそう」な演出をすることも大事で、気をつけたいのは刺身と「つま」のバランス。失敗のない盛り方は、まず皿のむこう側に大根の細切りなどを高くこんもりと盛り付ける。その上に大葉などを置き、刺身を立てかけるように並べていく。わさびは手前に。奥は高く、手前は低くすれば見た目にきれい。「おいしい」という感覚は五感で決めるもの。視覚的にも満足するよう、食欲をそそる盛り付け方を工夫してみよう。

刺身は色の濃いものが奥、薄いものが手前

刺身の盛り付けで、もう一つ心がけたいのが、濃淡を意識した置き方だ。つまり、色のレイアウト。とても簡単なことで、「色の濃いものは奥、色の薄いものは手前」を意識するだけで、バランスがよくなる。

赤身と白身があれば、赤身が奥、白身は手前。これだけで全体が締まった印象になり、食欲もそそられる。

和のおかずを見栄えよく盛り付けるカンタン法則

「天盛り」とは、何のことかわかるだろうか？

料理をてんこ盛りにすることではなくて、煮物をはじめ、酢の物、おひたし、和え物などの上に「小高くのせるもの」のこと。すなわち、和のおかずを演出するトッピングの数々だ。小高くのせるものの定番といえば、しょうがや青じそのせん切り、ごま、刻みのり、しらがねぎ、木の芽、ゆずなど。ほんの少しの量でも、仕上げに使えば、料理に彩や香りを添えたり、旬のもので季節感を出すことができる。

たとえば、ほうれん草のおひたしはそれだけ盛ると味気ない印象。ところが、しょうがのせん切りをちょっとのせると色味に変化が出て引きしまり、食欲をそそられる。また、野菜の煮物にゆずの皮のせん切りをのせると、季節感が増す。

おかず自体は、やはり真ん中が高くなるように「山高に盛る」と見栄えがよくなる。こんもりと盛って、トッピングを小高くのせて仕上げる。こんな簡単なことで、シンプルなおかずもごちそうに変わるのだ。

すき焼きで肉としらたきを離したほうがいいワケ

すき焼きを作るとき、一つ心がけておきたいルールがある。「しらたきと肉を離して入れる」ということだ。

しらたきは、こんにゃくいもの粉に水分を加えて練り、石灰を加えてできた固まりを細い穴から押し出して作る。この石灰を含むというのが、肉と離しておかなければならない理由だ。

石灰の中にはカルシウム分が含まれていて、これが肉に含まれるたんぱく質に触れると、熱凝固を早めてしまう性質があるのだ。つまり、肉のそばにしらたきを置いてグツグツ煮ると、肉が早く硬くなってしまうというわけ。

離して入れたほうがいい理由はもう一つある。肉の色素であるミオグロビンは加熱されると褐色に変わり、そこにカルシウムが加わるとどす黒くなってしまうのだ。しらたきは肉を硬くし、そのうえ肉の色を黒く変色させるとなれば、肉にしてみれば天敵のようなもの。できるだけくっつけずに煮ることだ。

「誰がつくっても鍋料理は同じ」の大誤解

鍋料理は具を鍋に入れるだけなので誰が作っても同じかと思うと、そうではない。

具材を入れるタイミングと場所によって、うまみに大きな違いが生まれるのだ。

寄せ鍋をおいしく作るなら、まず最初に鍋に入れるのは昆布。水から煮立ててしっかりダシを取り、具材を入れるのは、汁の温度が90℃以上になってからがいい。水は100℃で沸騰するので、そのちょっと手前くらいが入れ始めるタイミングなのだ。

早い段階で魚介類を入れると、うまみが溶け出して濃厚なダシは出るが、具そのものの味は落ちてしまう。

そこで、ダシは昆布にまかせ、ふつふつと沸いてきてからまず魚を入れる。魚の成分がしみ出したところで、味の薄い具、あとから濃い味の具、という手順で入れていく。

具材を入れる場所にも注意を払いたい。鍋の中で沸騰した湯の真ん中には激しい対流が起きているため、その対流の真ん中に具を入れてしまうと、煮崩れする恐れがあるのだ。そこで、鍋の具は端っこからそっと入れてあげるのがコツだ。

「鍋奉行」と呼ばれる人たちは、以上のルールを心得ているに違いない。

鍋のとき、やってはいけない箸のタブー

同じ鍋をつつき合うというのは、親密さを増すまたとない場面。だからこそ守るべきマナーがある。たとえば、箸の使い方だ。

鍋料理の場合、具材を鍋に入れるときは取り箸を使うが、自分が食べる分は直箸で取り分けてよいとされている。

ただし、「直箸」は下手をすると不潔な印象を与えかねないので、箸使いのマナーだけは心得ておきたい。

やってはいけないのが、まず「ねぶり箸」。お箸の先が汚れたからといって、箸先をペロンとなめたりしてはいけない。そして「さぐり箸」。「次はどれを食べようか……」と箸で鍋の中をさぐるのは見苦しいし、何より具材の形を崩してしまう。食材から涙をたらす「涙箸」、これもタブー。汁がポタポタ落ちるときは、ある程度汁を切ってから自分の器に移すことだ。

もう一つ心がけておきたいのが、取り分けをするときのマナー。

席が離れている人や年配の人に取り分けるときは、取り箸を使うのが鉄則。これは家で鍋パーティーをするときも、お店でも心がけておきたいこと。

最後にもう一つ。箸を休めるとき、自分の小鉢の上に渡して置くと、これは「渡し箸」と呼ばれるマナー違反になってしまう。小休止のときついやってしまいがちだが、箸を使わないときは必ず箸置きの上に。

のり巻きを均等にカットするなら、まず真ん中から

のり巻きを食卓に出すとき、一切れの大きさを揃えると見栄えがよくなる。

そこで、のり巻き1本をカットする手順だが、最初に真ん中から包丁を入れる。半分にしたら、またその真ん中に包丁を入れる、次も同様に……。こうして、いつも中心から切るようにすると、大きさにバラつきが出なくなる。太巻き、細巻き、どちらもこの方法でうまくいく。これまで端から包丁を入れていたなら、ぜひお試しを。

お好み焼きをきれいにひっくり返すプロのやり方

関西風お好み焼きの定番といえば豚とネギ。女性に人気はシーフード。お好み焼きの材料に絶対の決まりごとはないので、チーズ入りのピザ味も焼きそば入りというのもある。文字通り、材料も焼き加減もお好みのままというのが楽しいところだ。

そのお好み焼きで、マスターしておくともっと楽しくなるのが、生地のひっくり返し方だ。

ポイントはヘラを差し込む方向にある。うまくひっくり返せない人は、両手に持ったヘラを斜めの角度から入れていることが多いが、こうすると生地をくずしてしまいやすい。コツは、生地の真横から2枚のヘラをぐっと差し込むこと。

そしてひっくり返し方。腕全体を使ってやると、失敗しやすい。うまくやるには、手首のスナップをきかせて、エイヤッとひっくり返す。失敗したらカッコ悪い、なんて考えずに手首返しに集中すると、不思議ときれいに返せるものだ。今度、お好み焼きを食べるとき、ぜひお試しを。

うまくいけば拍手喝采！　アツアツのうちにほおばろう。

バターが固くなって塗れないときの即効ワザ

冷蔵庫から取り出したバターをトーストに塗ろうとすると、カチカチに固まってしまっている。力を込めてバターナイフを入れても、なかなかうまく取れない……。朝の慌しい時間に、誰もが体験しそうなこんなシーン。

でも、あきらめてバター抜きのトーストを食べることはない。電子レンジでちょっと加熱してみよう。バターを耐熱容器に入れ、ラップをかけてレンジでチン。ただし、レンジの目盛りは「解凍用」の「弱」にするのがコツだ。時間を30秒くらいに短めに設定し、まだ固いようならもう少し温めてみる。ちょっと温めると、パンに塗れるくらいのほどよい固さになっている。高温で一気に温めるとドロドロに溶けてしまい、やぶへびなのでご用心。

もちろん、この方法は、クッキングのときバターをやわらかくして使いたいときにも役立つ。

「熱」というのは大切な調理のツール。煮る、焼く、蒸す以外にも応用範囲は幅広いのである。

どうしてとんかつといえば千切りキャベツ？

とんかつに欠かせないのが生キャベツの千切りだ。みんな知っている通り、相性バツグン。とんかつ屋さんの中には、キャベツのお代わり自由というところもあるが、でも、なぜキャベツなのか？

実は、相性のよさの背景には科学的な裏づけがあった。

キャベツには胃潰瘍や十二指腸潰瘍を予防・修復する働きを持つ「抗かいよう性因子」が含まれている。これがとんかつを食べたときの油による胸焼けを防ぐ。この胸焼け防止効果は、キャベツ以外の野菜にはほとんど期待できないという。しかも、抗かいよう性因子は熱に弱いため、生で食べることに意味があるのだ。とんかつを食べると生キャベツも欲しくなるのは、身体の自然の要求なのかもしれない。

ところで生キャベツは、千切りにして冷水に浸すと歯ごたえがよくなる。これは、冷水の効果でキャベツの細胞膜を構成しているペクチンが硬くなるため。しかし、胸焼け防止効果を考えた場合、あまり細く切らずに粗めに刻むか、四角く切るのが好ましい。細かい千切りにして水に浸すと、有効成分が溶け出してしまうのである。

歯ごたえのよさを選ぶか、健康効果を優先するか。選択に迷うところだが、ともあれとんかつのキャベツは単なる添え物ではないということは覚えておきたい。

常識としておさえておきたいシャンパンの開け方

シャンパン、スパークリングワインといった発泡性のワインは、コルク栓を抜くのがちょっと手間だが、抜栓の儀式が場を盛り上げてくれることも確か。

コルクの抜栓といえば、「ポンッ!」という大きな音をイメージする人も多いだろう。が、この抜き方は本当はよくないマナー。狭い室内でコルクを飛ばすのは危険だし、勢いあまって泡がこぼれ出すと服を汚したり、うまみも逃げてしまうなど、いいことがない。

本当は「プシュッ！」くらいの小さな音と共に静かに栓を抜くのがマナー。

コツは、抜くより「まわす」。まずキャップシールとワイヤをはずす。瓶口に布ナプキンをかぶせ、その上から右手（利き手）でコルク栓を押さえる。左手で瓶の底を握り、瓶をゆっくり回す、回す……。ポイントはここ。すると、瓶の中の圧力でコルクが自然にぐっと持ち上がってくる。

そのタイミングでコルクの頭をちょっと傾け、隙間から炭酸ガスを抜きながら静かに栓を抜く。「プシュッ！」の音がしたら成功。コルクが抜けたら、ひと呼吸おいて炭酸を落ち着かせ、瓶口を布ナプキンでふいてからグラスに注ぐ。注ぐときも静かに。2〜3回に分けて入れると泡だらけにならない。

相手が喜ぶビールのおいしい注ぎ方

よく冷えていないビールを注ぐとグラスが泡だらけになり、逆に冷えすぎると泡が立たなくて、物足りなく感じてしまう。ビールをおいしく飲むためには、なんといっても泡がポイント。

泡の量をほどほどにするには、まず適度に冷やすことが原則だが、次は、注ぎ方。どうすれば、泡を立てすぎずに上手に注ぐことができるのだろう？

割合でいうと、泡とビールは2対8くらいが好ましいといわれる。

この2対8を実現するために、よくやるのが、グラスを傾けて縁に当てながら静かに注ぎ込むという方法。こうすると、炭酸ガスが逃げ出して泡立ちを防げる。ただし、グラスを垂直にしてヘリから静かに注いだほうが、香りが逃げないのでおいしいという説もある。

ビールの泡の正体は、発酵の過程で生じる炭酸ガス。しかもちゃんと役割があり、ビールの表面をおおってその香りが逃げ出すのを防いでいるのだ。

また、泡はビール特有の苦味やアルコールの刺激を和らげ、口当たりをまろやかにするという使命も担っているから、おろそかには扱えない。

つけ加えれば、注ぎ足しは厳禁。グラスに残ったビールは泡も少なくなって酸化した状態。そこに新鮮なビールを足すのは、おいしいビールを気の抜けたビールで薄めるようなものだ。

パンをおいしく冷凍保存するには？

パンを冷蔵庫の冷蔵室で保存すると、主成分のでんぷんが劣化しやすく、すぐ乾燥してぱさぱさになってしまう。そこで、適しているのは、冷凍保存。まとめ買いしたりすぐ食べないときは、早目に冷凍庫に入れておくと、新鮮なまま再生して食べられる。食パンを冷凍する際には、1枚ずつラップで包み、フリーザーバッグで密封してから冷凍庫へ。ベーグルやクロワッサンも同じやり方で、フランスパンは食べやすい大きさにカットしてからラップで包んでおく。袋入りの菓子パンはそのまま冷凍保存でOK。

冷凍したパン、そのまま焼いてOK？

冷凍したパンは、凍ったままトースターで焼くだけで食べられる。その際、おい

しさにちょっと差をつけるコツは、
1　あらかじめオーブントースターを温めておく。
このひと手間で、表面はさくっと、中はふわっと焼き上がる。
2　パンの表面に水を霧吹きしておく。
表面を少ししめらせてから加熱すると、やわらかさが戻って食感がよくなる。

菓子パンの場合は、常温で3〜4時間おいてから加熱するとムラなく解凍することができる。

「常温」で保存できるかどうかの基準はどこにある?

食品の注意書きに「冷蔵庫で保存」とあれば迷わず冷蔵庫に入れられるが、ちょっと迷うのは「常温で保存」や「冷暗所で保存」という表現。具体的な温度は記されていないが、その基準はあるのだろうか?

まず「常温」の目安は15〜25℃。明確な規定はないのだが、温めたり冷やしたりせず、外気温を超えない自然な温度が常温ということになる。常温保存の食品は、

1年を通じて冷蔵庫に入れなくていいが、屋外に出したり直射日光に当てるのはもちろんタブー。室内でも、キッチンの火のまわりなど温度変化の激しい場所は避け、できるだけ風通しのいいところを定位置にしたい。

「冷暗所」は1年を通して常温以下に保たれ、日光の当たらない場所のこと。つまり、室内の中でも暗くてひんやりしたところ。かつての古い日本家屋では台所が適していたが、現代は住宅事情が変わったので、キッチン＝冷暗所とは限らない。たとえば、流しの下に置くなら除湿剤で湿気を取り除くなどの工夫が必要。

適した場所が見つからなければ、「冷蔵庫の野菜室」へ。ここなら冷気が安定しているので間違いない。

お米の賞味期限ってどのくらい？

毎日のように食べるお米、どのように保存しているだろうか？

もし、購入時の袋に入れたままにしていたら、それはやめたほうがいい。「すぐ使うから」と袋の口を輪ゴムやクリップで留めておくのは、米の劣化を早めるような行為。米には賞味期限や消費期限の表示はないが、通常おいしく食べられるのは表示された精米日から1～2カ月程度。保存法を誤ると、その期間を短縮することにもなりかねない。

忘れちゃいけないのは、米は野菜と同じ生鮮食品だということ。生きて呼吸しているので、環境にはとても敏感で、暑さや湿気が大の苦手。高温でじめじめした所に袋ごと置けば、表面のぬかの酸化が進み、ニオイがついたり虫もつきやすくなってしまう。

つまり、高温多湿になりやすいキッチンは、本当は米が好む環境ではない。キッチンから多少離れていても、できるだけ温度・湿度の低い風通しのいい場所を選び、タッパーや専用の密封容器で保存するのがいい。大量買いはおすすめできない。短期間で食べきれる量を購入すれば、いつでもおいしく食べられる。

冷凍ごはんが断然おいしくなるラップ技

炊き立てのごはんの味は格別だが、すぐに味は落ちていく。炊飯器での保温は5

〜6時間が限度で、それ以上置くとごはんに黄ばみやニオイが出たり、パサパサになったりと、いいことがない。これは、でんぷん質が変化したりごはんに多く含まれる水分が蒸発するため。残ったごはんをいい状態で保存するには、冷蔵よりもできるだけ早く冷凍することだ。冷凍保存のポイントは、

1　温かいうちに、残ったごはんを茶碗一杯分（一食分）ずつ小分けにしてラップで包む。

2　包むとき、ごはんを平らにならしておく。

3　人肌にさましたのち、できるだけ急速冷凍する。

早めにラップで包むのは、ごはんの酸化や水分の蒸発にストップをかけるため。

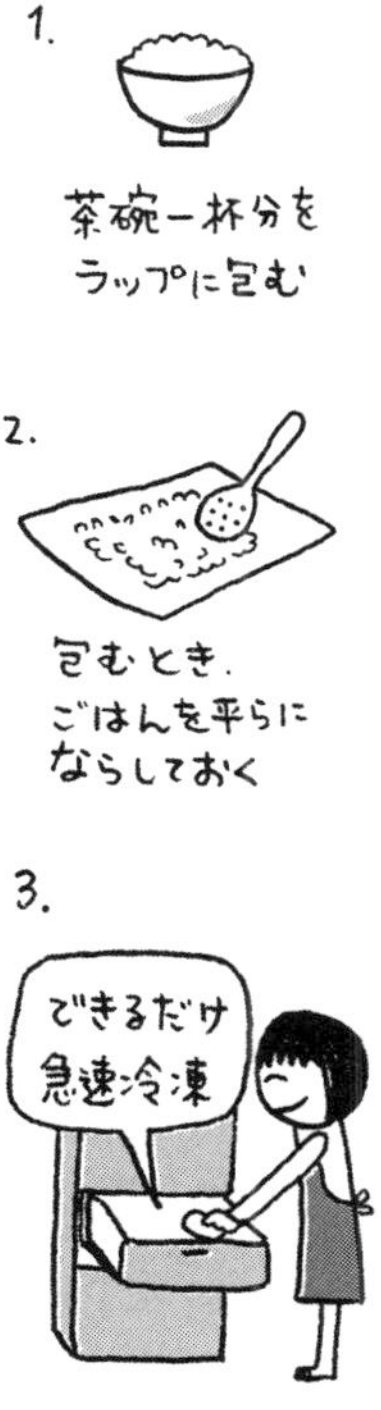
1.
茶碗一杯分を
ラップに包む
2.
包むとき、
ごはんを平らに
ならしておく
3.
できるだけ
急速冷凍

ごはんを平たくするのは、できるだけ早く、均等に凍らせるためのワザ。うまみを素早く閉じ込めれば、炊き立ての味を再現することも可能なのだ。1週間以内に食べるときはラップで包むだけでいいが、それ以上保存するなら、フリーザー用の容器や袋に入れてから冷凍庫へ。

解凍するときは、ラップのまま電子レンジで2〜3分加熱。平たくしておけば、加熱ムラもなく、ほかほかのおいしいごはんが出来上がる。

サンドイッチは〝冷凍ワザ〟を上手く使いたい

サンドイッチは冷凍保存可能。ただし、保存期間は1日。

そこでおすすめは、翌日食べる分を前日に作って冷凍しておく方法。朝、常温に戻して自然解凍すると、ちょうどランチタイムには食べごろになっている。お弁当用なら、凍ったまま持参すればいいので、忙しいときにも重宝する。

外出前に冷凍庫からサンドイッチを取り出し、ラップごとお弁当箱に入れて出かければいいのだ。

夏場はお弁当の食あたりが気になるが、冷凍サンドイッチなら屋外を持ち歩いても安心。

ただし、冷凍に向く具とそうでない具がある。卵やハムは冷凍しても風味を損なうことはないが、レタスやきゅうりなど水気の多い繊維質の野菜は冷凍には不向き。解凍するとベタついて味も食感も落ちてしまうので、初めから入れないか、はずしてから冷凍したほうがいい。冷凍する前にしっかりとラップで包んでおくことも忘れずに。

サンドイッチは意外といたみやすいので、多めに作ってしまったときもできるだけ早く冷凍庫に入れておくこと。早め早めにやれば、翌日また新鮮な状態で食べられる。

「開栓後はお早めに」の「お早めに」とは？

冷蔵庫の中を整理していて、使いかけの調味料や食材を捨てるかどうか迷ったことはないだろうか？

たとえば、ちょっと前にお好み焼きパーティー用に買ったソースやマヨネーズの残り。あるいは、ちょっと使って忘れていたケチャップ……。

ここで間違えないようにしたいのは、表示された賞味期限は、〝未開栓〟が条件だということ。一度フタを開けたら、その日から劣化は始まると考え、注意書きに「開栓後はなるべくお早めに」とあるものは、早めに食べきった方がいい。

では、「お早めに」とはどれくらいなのか？　開栓後の賞味期限は表示されていないが、それは個々の保存状態によって長くも短くもなるため。目安をいうと、冷蔵庫できちんと保存した場合、ソース、マヨネーズ、ケチャップ共に開栓から1カ月。同じソースでもサラッとしたウスターソースはとろみのあるタイプより持ちがよく、2カ月は問題ない。

マヨネーズが意外と腐りにくいのは、酢や塩の働きによるものだが、デリケートな一面もあり、0℃以下の環境では油が分離しやすくなる。そこで、冷蔵庫の中でも冷えすぎないドアポケットなどで保存するのが長持ちさせるコツ。

同様に、ケチャップも寒すぎる環境が苦手。定位置はやはりドアポケットがいいだろう。

夏野菜は冷蔵庫で風邪をひく

冷房が効きすぎた部屋に長時間いると、風邪をひいてしまうことがあるが、野菜にも同じようなことが起こる。特に夏野菜がそうだ。

とりわけ、寒いのが苦手なのはナスやきゅうり。

余ったナスを冷蔵庫の野菜室に入れておくと、鮮やかな紫色が茶色っぽく変色したり、くぼみができたりする。きゅうりの場合も、スが入っていかにもしなびた感じに変わっていくものだ。もちろん見た目と共に味も落ちていく。これらは、冷やしすぎることが原因で起こる「低温障害」という現象。つまり、夏野菜の風邪ひきのようなものだ。

野菜室は、野菜が乾燥しないように温度や湿度はちょっと高めに設定されている。平均5～7℃だが、ナスやきゅうりの適温は10℃くらい。そこで、野菜室に入れるときは必ず防寒用の服を着せてあげよう。つまり、新聞紙で包んだり専用の保存袋などに入れ、冷気が直接当たらないようにガードするわけだ。そして、できるだけ早めに食べきってしまうこと。上手に保存しても消費期限は2～3日と覚えておきたい。

果物の中ではバナナ、マンゴー、パイナップルなどが低温障害を起こしやすいので注意。

葉物野菜は立てて保存するのが鉄則

野菜を保存するとき、意外と大切なのが、野菜の「向き」。たとえば、へなっとしやすいほうれんそうや小松菜を野菜室に入れるとき、向きはどうしているだろうか？ 正しいのは「タテ」。葉物野菜は根を下にし、できるだけ立てて保存したほうがいい。

こうすると土にあったときと同じ格好になるので野菜も居心地がよく、鮮度が長持ちするのだ。そう、野菜は〝畑に生えていた状態〟に近づけて保存するのがコツ。もし葉物野菜をヨコに寝かせて保存したらどうなるだろう？ 野菜にとってはかなりのストレスで、それだけで無駄なエネルギーを消費してしまうことになる。

野菜は収穫されたあとも生きて呼吸をしている。そこで、適当に野菜室に押し込むのではなく、生きている野菜が喜ぶように、暮らしやすいように、と考えながら保存環境を整えていくことが大事。

ところで、タテに保存するとき役立つのが牛乳パック。使用済みパックの上部を切り取って使いやすい高さにし、そこに野菜を差し込めば上手に収納できる。ただし、乾燥しやすいので、服を着せてあげること。ぬらした新聞紙で包んでおくと1週間ほどは持つ。

ニンジンは買ったらすぐ袋から出すこと

ニンジンが苦手とするのは、なんといっても、水気。高温多湿の環境だと、早く傷んでしまう。そこで、保存の前にやっておくべきは、湿気対策だ。

買い物から帰ったら、ビニール袋からニンジンを取り出し、水気をよくふく。そのうえで、新聞紙などでくるみ、ポリ袋で密封してから、冷蔵庫の中へ。次項でも触れるが、長く保存するならチルド室がおすすめだ。売られていた状態のまま冷蔵庫にほうり込むと、ビニール袋の中に水滴がついて劣化しやすくなるので注意。

使いかけのニンジンは切り口から傷みやすいので、水気をよくふいてからラップでぴたっとおおっておく。そして、3〜4日のうちには使い切ってしまおう。

ニンジンはチルド室保存がいいってホント？

買ってしばらくたったニンジンから根が生えてきた……そんな経験はないだろうか？

もしあれば、それは保存場所が原因かもしれない。

ニンジンの保存といえば、「冷蔵庫の野菜室」が一般的。もちろん間違いではないが、よりおいしく食べるなら、野菜室からの引っ越しを考えてみるといい。

適した移動場所は、チルド室。意外に思うかもしれないが、ニンジンのことを知り尽くした栽培農家のプロに言わせると、チルド室こそベストな保存場所だという。

肉や魚などの生鮮食品の保存に適したチルド室は、食品が凍り始める直前の0〜1℃前後に設定されている。一方、野菜室は、5〜7℃。この中でニンジンを保存すると、根や葉が生えてきて、中の栄養分をもっていかれてしまうというのだ。生命力旺盛な野菜ゆえの現象で、その結果、味が落ちてしまう。

チルド室なら、発芽の勢いを抑えて保存期間を延ばすことができ、しかも糖度が増して味がまろやかになるというおまけも。すぐ食べないときに、試してみては。

余ったニンニクを絶品の健康食にするテクニック

ニンニクは冷暗所で1〜2カ月はもつが、多めに買うと、使わないまますぐ数カ月たってしまう。

この余ったニンニクを無駄にしないためのおすすめの方法は「しょうゆ漬け」。まとめ買いして使い切れないようなときは、一玉〜二玉分をまるごとしょうゆ漬けにしておくのだ。

皮をむいたニンニクを保存用のガラス瓶に入れ、ニンニクがかぶるくらいまでしょうゆを入れる。あとは、冷蔵庫で保存するだけ。2〜3カ月もすると、ニンニクとしょうゆの香りがとけ合い、ニンニクもしょうゆも食べごろに。これで保存期間はぐっと延長され、1年間は十分楽しめる。

うれしいのは、ニンニクとしょうゆの両方が利用できること。「しょうゆ風味のニンニク」は、そのまま食べてもいいし、刻んで炒め物などの隠し味に使う。「ニンニク風味のしょうゆ」のほうは、コクのある調味料として活用できる。ニンニクには免疫増強や代謝アップなどさまざまな薬効が詰まっているので、健康のためにも常備しておくといい。

余ったきのこは軸を上に向けて冷凍保存が正しい

使いきれなかった生しいたけは、うっかりするとすぐ老化現象が進んでしまう。冷蔵庫に入れてしばらくほうっておくと、だんだんとハリが失せ、黒いシミが浮いてくるものだ。特に、傘を上、軸を下にして保存すると、胞子が落ちてみるみる傘の裏が真っ黒に。つまり、しいたけの鮮度を保つには、胞子が落ちないように軸を上に向けて置いたほうがいいわけだ。さらに乾燥対策として新聞紙で包むと鮮度が保てるが、よい条件で保存しても限度は1週間。それ以上は「冷凍保存」にかぎる。

「えっ、しいたけを冷凍!?」と思ったかもしれないが、すべてのきのこ類は冷凍保存が可能。しいたけの場合は、石づきを取り、軸ははずしてから冷凍用パックに入れる。まるごとでもいいが、食べやすいようにスライスしておけば、調理のとき便利だ。えのきだけやしめじは、石づきを取ってから適当な大きさにほぐし、パックに入れて冷凍庫へ。こうすればだいたい1カ月は持つ。

うれしいのは、冷凍のまま調理できること。凍ったままのきのこをそのまま炒めたり、汁物に入れることができるのだ。きのこを多めに買って使いきれないときも、早めに「冷凍保存」するのがおすすめだ。

レタスに爪楊枝で鮮度がぐーんと長持ち

ちょっとした保存のワザで、冷蔵庫の中の野菜がもっと長持ちする。

たとえばレタスはデリケートな野菜で、短時間でしんなりしてしまい、変色しやすい。ところが、芯の部分に爪楊枝を刺すだけで……不思議、みずみずしいまま長く保存できる。

手順は、とても簡単。芯の部分に爪楊枝を3本ほど差し込み、スプーンなどでぐっと釘を刺すように押し込むだけ。そのまま冷蔵庫で保存すればいい。

鮮度が長持ちするワケは、爪楊枝で穴をつくると、水分の吸収がスムーズになるため。野菜を元気にするのは、やっぱり水分。そこで、水でしめらせた新聞紙でくるんでおけば、より効果的だ。

すぐに傷むもやしを長持ちさせる瞬間ワザ

もやしはとても傷みやすい野菜の代表選手。保存は、なんと2日が限度。買ってすぐ食べないとみるみる鮮度が急降下していく。そこで、余ったもやしの存在を忘れたままにしておくと大変。冷蔵庫に入れてしばらくおくと茶色く変色し、水気が出てどろ〜んと悲惨な姿になっている。

このように、もやしがすぐに傷んでしまうのは、生きて呼吸している証拠。しかも、意外と生命力旺盛。暗い中で育てられるので、その環境の中で何とか芽を伸ばそうとしてがんばっているのだ。そこで、日持ちをよくするためには、熱を加えて生長を止めてしまったほうがいい。

具体的には、「熱湯をまわしかける」「湯にくぐらせる」「電子レンジで少し加熱する」の3通り。いずれかの方法で熱を加えたら、水気をよく切り、密閉パックなどに入れて冷蔵室で保存する。冷凍保存は向かないが、この「加熱→密閉保存」で、保存期間は数日延長できる。

もちろん買った日に食べきるのがいちばんだが、余らせてしまったら、さっそくこの裏ワザで賞味期限を延ばしておこう。

果物は冷やした方が甘くなる

果物のおいしさの決め手は、やはり甘味。その甘味のもとは、果糖とぶどう糖、ショ糖で、中でも果糖（フルクトース）は冷やすと甘くなる性質がある。そこで、特に果糖が多いりんご、なし、ぶどう、イチゴなどは、ちょっと冷やしてから食べるとおいしくなる。ただし、冷やし過ぎると舌の感覚が鈍ってしまうので、ほどほどに。

未熟な果物の場合、冷蔵庫の中だと熟成が止まったり低温障害を起こすことがあるので、熟すのを待ってから冷やした方がいい。

りんごが冷蔵庫の暴れ者といわれるワケ

冷蔵庫の中のガキ大将といえば「りんご」。専門家の間では〝りんご野郎〟という呼び名もあるそうで、ちょっと浮いた存在なのだ。なぜそんなふうにいわれるかというと、エチレンガスを多く放出して周囲に迷惑をかけるからだ。

エチレンガスというのは、植物の熟成を早める成分。つまり、老化=腐敗のスピードも早めるわけで、「成長（老化）ホルモン」のようなもの。りんごのほかにも、キウイフルーツやアボカド、カット野菜などもエチレンガスが発生するが、問題は、そのガスが自らだけでなく周りの野菜や果物の熟成も早めること。

そこで、りんごを保存するときは、すっぴんのまま冷蔵庫に入れてはいけない。エチレンガスが飛ばないようにポリ袋などに入れて口をしっかりしめ、密封保存すること。冬は冷暗所で1カ月ほどもつが、その場合はペーパータオルなどで包んでおくといい。

ただし、悪影響ばかりではない。りんごと一緒にまだ未熟なキウイフルーツやバナナをポリ袋に入れると、魔法がかかる。硬くて青臭かったフルーツが早く熟して食べごろになるのだ。このエチレンガスのプラス効果も見逃さず、上手に利用したい。

しょうがをひからびさせないカシコい保存法とは？

しょうがは一回に使う分が少量なので、使いきる前にダメにしてしまいやすい。そこで、余った分を決してひからびさせない方法だが、確実なのが冷凍保存である。

しかも、「すりおろし」と「薄切り」の2タイプを作って冷凍しておけば、あとがラク。すりおろしタイプは、すりおろしたあとラップの上で薄い板状にのばし、調理のとき割りやすいように箸などでスジを入れておく。

薄切りタイプは、2㎜ほどに切ってラップでくるんでおく。これで完璧。あとは密封できる保存袋に入れて冷凍庫へ。使うときは料理に応じて必要なタイプを必要なだけ取り出し、そのまま調理する。千切りやみじん切りにするときは、薄切りの方を利用すればいい。

冷蔵で保存するときは、ラップに包んで2週間はもつが、冷凍だと一気に2～3カ月まで保存期間が延長。しかも、風味はそのままキープできる。

しょうがというのはけっこう寒がりで、適温は14℃。そこで、冬場は室温で保存できるが、その場合は乾燥を避け、湿らせたクッキングペーパーや新聞紙に包んでおくといい。

冷凍した食材の消費期限はどのくらいのびる？

「冷凍したからもう安心」と、冷凍庫に入れた食材を長くほうっておくのは危険。お宅の冷凍庫に数カ月も前に冷凍した肉や魚があれば、それはもう処分するしかない。

確かに冷凍すれば劣化の速度はゆるやかになり、菌の繁殖もおさえられる。賞味期限は確実に延長されるが、ただし無限にのばせるわけではない。時間の経過と共にじわじわといたみは進んでいく。

家庭の冷蔵庫の冷凍室の温度は約マイナス18℃だが、菌を死滅させ、食品の劣化にストップをかけるにはマイナス60〜80℃での保存が条件。やはり、家庭の冷蔵庫では限度があるのだ。

そこで、冷凍した食品であれ、できるだけ早めに食べきるようにしたい。消費期限の目安は3週間〜1カ月。

中でも生の肉や魚介類はいたみやすいので、早め、早めをこころがけること。納豆やしょうがのように冷凍すると2〜3カ月は持つものもあるが、こちらも持ち味が失われる前に早めに食べきったほうがいい。

おいしさを閉じ込めるためのフリージングの法則は、できるだけ「薄く、平たく、小さく、早く」。

コンパクトにしてスピーディーに凍らせれば、おいしさが長もちする。もちろん、何でも新鮮なうちに冷凍することが基本だ。

卵の保存は冷蔵庫の「ドアポケット」で本当にいいの？

卵を買ってきたら、すぐに冷蔵庫に入れるのが常識。誰でもあたりまえのようにやっているが、では、冷蔵庫のどのへんに入れるのがいいのだろう？

一見すると「ドアポケット」がよさそうに思えるが、実は卵にとってふさわしい保存場所とはいえない。なぜなら、卵は振動や温度の変化が苦手だから。ドアポケットは扉の開閉のたびに振動するし、頻繁に開閉すれば温度の変化も大きくなりやすい。

そこで、あえてドアポケットを避け、冷蔵庫の本体に入れるようにする。バタンという開閉時の衝撃が少なく、温度差の少ない場所ということを考えて、奥の方を定位置にするのがいいだろう。しかも、ケースごとそのまんま保存すること。

肉眼ではわからないが、卵の表面には気孔という小さな穴が無数にあいていて、この穴を通して呼吸をしている。そう、卵は生き物。むき出しで入れれば気孔を通して冷蔵庫のニオイを吸ってしまいやすいし、サルモネラ菌がついていれば、それが他の食品に移ってしまう可能性もある。

結局、「パックごと冷蔵庫の奥に入れる」のが卵にとっていちばんの保存法ということになる。

卵は「丸いほうを上」にして保存する

卵には「上と下」があることをご存知だろうか？

上は丸みのある方で、下はとんがったカタチのほう。試しに卵のパックを見てみると、丸みのある方が必ず上になっている。これにはちゃんと意味があるのだ。

卵の内部には、上側の丸いほうだけに「気室」という空気のつまったスペースがある。この気室があるほうの表面には、呼吸に関わる気孔など穴が多数あいているので、こっちを上にしたほうが呼吸がスムーズになる。また、もしも細菌が入り込んだ場合、空気のあるところで繁殖しやすくなるため、細菌のダメージを受けやすい黄身は気室からできるだけ遠ざけたほうがいい。

丸いほうを上にすれば、気室と黄身の間隔は自然と広がる。しかも、黄身はカラザという白い糸（成分はたんぱく質）によって下から引っ張られる形になり、中心部に安定して長持ちしやすくなる。

上下を逆にしたら、卵にしてみれば逆立ちを強いられるようなもの。だから、パック詰めされた格好のまま、「丸いほうが上」のまま、保存するのが断然いいのだ。

冷凍できる卵料理、できない卵料理

「薄焼き卵」や「錦糸卵」はできて、「ゆで卵」はできないものがある。

それは、冷凍保存。

卵料理の多くは冷凍できる。オムレツも、炒り卵も冷凍ＯＫ。解凍してもおいしく食べられるのは、やはり「薄く、平たく、小さく」調理したものだ。

冷凍の手順は、ラップに包んでからフリーザーバッグに入れ、冷凍庫へ。使うときは冷蔵庫で自然解凍。ちらし寿司を作るときなど、錦糸卵を作り置きしておけば何かと便利だ。お弁当なら、朝そのまま入れておくと、ランチタイムにはほどよく解凍されている。

ゆで卵は、解凍したとき白身がゴムのような食感になってしまうので、やめたほうがいいが、生卵は冷凍しても大丈夫。全卵はといてから、卵白と卵黄はそのまま冷凍保存ができ、自然解凍で元通りになる。溶き卵の余りや、卵黄と卵白のどちらかを使ったときの余りなど、すぐ使わない場合は冷凍しておくと無駄がない。解凍した生卵は生食は避け、加熱調理して食べたほうが安心だ。

納豆を多めに買ってしまったら迷わず冷凍庫へ

冷蔵庫の奥に食べそびれた納豆のパックを発見。開けてみたら、豆粒が赤黒くなり、ニオイもきつくなって妙な感じ……、よくある保存の失敗である。

納豆は日本を代表する発酵食品だが、その性質から冷蔵庫の中でも徐々に発酵が進み、時間がたつと食べごろを過ぎて味も見た目も低下していく。そのため、「要冷蔵」。常温に置くと納豆菌が目覚めて発酵が促進されてしまうため、買ったらすぐ冷蔵庫に入れる必要がある。冷蔵で保存した場合、納豆の賞味期限は1週間～10日。

多めに買って「ちょっと食べきれないかな？」というときは、冷凍庫へ送るのが賢明だろう。つまり、納豆は冷凍保存OK。パックごと冷凍用パックに入れるか、ラップにくるんで冷凍庫へ。賞味期限ぎりぎりではなく、買ってすぐ新鮮なうちに冷凍すれば、ひと月ほどもつ。

解凍するときは、食べる前日くらいに冷蔵庫に移し替え、時間をかけて自然解凍する。多少豆がやわらかくなったり水っぽくなることはあっても、栄養も損なわず、問題なく再生できる。ただし、電子レンジでの解凍は、品質を落としてしまうのでバツだ。冷凍は早め早めに、そして解凍はじっくりと……。

香りを逃さないかつおぶしのベストな保存法

和食の味つけに欠かせない「かつおぶし」は香りが命。最近は、多くの家庭で削り節のパックを使っているが、袋を開けて鼻を近づけると、独特の強い香りに包まれる。この香りは、原料のカツオを煮たのち、煙でいぶすことによって生じる。

ただし、かつおぶしの香りは短命で、開封すると一気に飛んで行ってしまう。開封10分後には、匂いセンサーの数値がガクンと下がるというから、かなりのスピード。しかも、空気にさらされたかつおぶしは酸化によって徐々に変色していく。

そこで、保存の鉄則は、中の空気をしっかり抜いてから密封すること。チャック付きの袋は、よ〜く空気を抜いてから口を閉める。チャックが付いていない場合は、ポリ袋などに入れて口元をよく止めておく。とにかく、香りを飛ばさないこと、空気に触れさせないこと、そして、湿気を避けることが大切なのだ。

さらに、保存効果を高めるのが温度。

酸化現象は「低温」で保存すれば防ぐことができる。そこで、開封後は必ず冷蔵庫に入れ、できるだけ早く使い切ってしまうこと。開封後の賞味期限は2〜3日。しばらく使わないときは、冷凍保存がいいだろう。

くっつきやすい粉チーズが冷凍保存でぱらぱらに

筒に入った粉チーズ（パルメザンチーズ）の保存は、冷蔵庫が一般的。ところが、いざ使おうとして冷蔵庫から出すと、湿気を含んで固まり、穴からうまく出ないことがある。

そんなときは、室温に戻してから容器を振れば、たいてい出やすくなる。

もう一つの方法は、冷凍庫に入れること。凍らせるとさらさらの状態で保存できるので、ふりかけやすくなり、事前に室温に戻す手間もはぶける。

砂糖がコチコチに固まってしまうのにはワケがある

開封したての頃はサラサラだった砂糖が、コチコチに固まってしまうことがある。こうなると、砂糖の山をほぐすのに一苦労。調理の足を引っ張られてしまう。

なぜ固まるかというと、原因は水分量の変化。湿気が多いじめじめした所に置くと砂糖は水分を吸って固まる。逆に、乾燥すると水分が抜けてカチカチになる。外気の湿度に影響を受けて水分量のバランスが偏ると、結晶同士がつながってしまい、やがてそれが大きなかたまりになるわけだ。

固まらないようにするには、袋ごとプラスチック容器などに入れてしっかり密閉しておくこと。つまり、外気にさらさないようにすることが第一。

もし固まってしまったら？　袋に入れた上からカナヅチでたたくという原始的な

方法もあるが、パンや果物などの天然の湿度コントローラーを使えば簡単。具体的には、「食パン」を容器に入れるか、オレンジなど「柑橘類の皮」を白いワタの方を下にして砂糖にのせるだけ。そのままフタをしめておけば、砂糖の水分量が自然と調整され、やがてサラサラ感が復活。うまくほぐれたら、食パンや柑橘類の皮は取り出しておく。

うれしいことに、砂糖に賞味期限はない。常温で長期間おいても変質しない安定した調味料なのである。保存状態さえよければ使えるので、固まっても捨てずに再生を。

おみそにのっている薄紙は捨ててもいいのか

四角いケースに入った「みそ」のフタを開けると、表面を覆うように薄紙がのっている。この薄紙、どうしているだろうか？

①邪魔なので開封したらすぐ捨てる　②捨てないでそのままにしておく。

答えはこの二通りになるが、みその品質を保つためには②が正解だ。

薄紙を捨てる・捨てないについての指示はどこにも記されていないが、捨てずに残しておけば、みその有能なガードマン役になってくれるだろう。というのも、みそは大豆に麹を加えて作る発酵食品なので、とてもデリケート。酸素に触れるとじわじわと酸化が進んでしまうため、できるだけ密閉状態を保ち、空気に触れさせないほうがいい。たった一枚の薄紙でも、表面をガードしておけば酸化防止、乾燥防止効果が高まり、おいしさが長持ちするというわけだ。

みそを使ったら、デコボコがないように平らにならしておき、上に薄紙を貼り付けておく。フタをしめたらすぐ冷蔵庫の中へ。開封後の賞味期限はみその種類によっても異なるが、2カ月程度で使いきれば問題はない。

バターの容器のシートは何のためについている？

新品のマーガリンの容器のフタを開けると、表面にアルミシートや紙のシートがついている。このシート、そのままつけておいた方がいいのか、捨ててもいいのか？

結論から言うと、どちらでもかまわない。そもそもこのシート、開封までの間に風味を損なわない目的でつけているので、フタを開けて使い始めた段階で役目は終わる。だから処分してもしなくてもいいわけだ。

バターを包んでいるシートも同様で、個々の使い方に応じて対処してかまわない。銀紙を取ってバターケースに入れると使いやすくなる。

しょうゆの保存は常温？　それとも冷蔵？

開封前のしょうゆは常温で1年半ほど持つが、フタを開けたあとの賞味期限は1カ月。「えっ、そんなに短いの？」と驚いたかもしれないが、しょうゆの命は意外と短い。アミノ酸が豊富な生ものなので、空気に触れたとたん酸化が進んでしまうのだ。また、アミノ酸と糖の化学反応によってできるメラノイジンという物質は、空気に触れて色が濃くなる性質がある。そのため、時間がたつと色が黒ずむという現象も避けられなくなる。「ちょっと色が濃くなったかな？」というときは風味も落ちているので、保存には十分気をつけなければならない。

しょうゆの保存の条件は、できるだけ空気に触れさせないこと。ぎゅっとフタをして、冷蔵庫で保存するのがベストだ。大きなボトルで買った場合、ボトルを冷蔵庫で保存しつつ、すぐ利用するぶんだけ小型の容器に移し替えて使うようにする。もちろん、使ったあとはすぐ冷蔵庫の中に戻す。

いずれにしろ、1度フタを開けたしょうゆの寿命は3週間程度。大ボトルを買っても、家族の人数が少なければなかなか使い切れない。期間内に使いきれる量を計算し、小さめのボトルを買うのが賢明だろう。

余った豆腐を長持ちさせる意外な保存場所

豆腐のパックを開けたものの、一丁まるごとは使いきれないときがある。たとえば、みそ汁用に半分だけ使ったようなとき、余ったぶんはどうすればいいのか。

そのままパックに戻してラップでフタ……これは悪いお手本。しかもパックの中の水を抜いていたら、豆腐はすぐ硬くなってしまうだろう。豆腐のほとんどは水分なので、水が命。たっぷりの水に浸かっていないと、みるみる水が抜けてしなびてしまうのだ。開封後はできるだけ早く食べることが原則だが、水分コントロールがうまくできれば、翌日、翌々日くらいまではおいしく食べられる。

よい方法は、深めの密閉容器に豆腐を移し入れ、全体にかぶるくらい水をたっぷり注いでおく。フタをしっかりしめて冷蔵庫で保存し、水を毎日取り替えれば長持ちする。常にきれいな水のお風呂に入れてあげれば、豆腐はよく水を吸ってやわらかいまま、おいしいままでいられるのだ。

豆腐は冷凍保存に不向きといわれるが、それは冷凍すると水分が抜けてスカスカのスポンジ状になってしまうため。高野豆腐の感覚で使うなら、冷凍保存も可能だ。

貝は砂抜きしてから冷凍保存する

アサリやしじみなど、貝類をおいしく食べるには、調理前に「砂出し」をしっかり行う必要がある。問題は、その時間。最短でも30分は必要だから、うっかり忘れたり、すぐ食べたいときには、その〝砂出し時間〟がとても長く、やっかいに感じられるものだ。

待たずにすむ方法は二つ。まず、購入する際に表示を見て、「砂出し済み」のものを買う。そしてもう一つは、「冷凍保存」。貝類は殻つきのまま冷凍保存が可能で、砂出ししてから冷凍すれば、解凍せずに凍ったまま加熱調理ができるのだ。

手順として、砂出しのあと水分をよく切り、キッチンペーパーなどで水気をふき取る。これをビニール袋や冷凍用の保存パックに平らになるように入れる。空気は抜き、密封した状態で冷凍庫へ。鮮度のいいうちに冷凍すれば、数週間は保存ＯＫ。

調理するときは、冷凍庫から取り出し、そのまま酒蒸し、お吸い物、パスタの具などに使えばおいしく食べられる。暇を見て「砂出し→冷凍保存」しておけば、いざというとき重宝するものだ。

ひき肉を冷凍するなら「まず炒める」のがカシコい

鍋用に鶏団子を作ったら、ひき肉がちょっと余ってしまった……。こんなときの「ちょっと」はくせもので、すぐ使うつもりでもつい忘れがちだ。冷蔵で保存した場合、気づいたときは残念ながら消費期限切れ。ひき肉はとても傷みやすいのだ。

肉の鮮度を保つには、一にも二にも空気に触れさせないことがいちばん。ところが、ひき肉は細かくひいてあるので空気に触れる面が多い。そのため、ブロック肉やスライス肉に比べて酸化しやすく、いたむ速度がとりわけ速い。

肉の種類でいえば、水分量の多い鶏ひき肉はいたみやすさでは堂々1位。そこで、鶏・豚のひき肉と合びき肉は買ったその日のうち、牛ひき肉でも翌日には使いきること。余ったものは即、冷凍保存しないと無駄になってしまう。

ただし、冷凍してもいたみやすさは変わらない。持ちをよくするには、生のままより火を通してから冷凍するのがコツ。炒めてから塩・こしょうで味つけし、さましたあと小分けにしてラップで包む。

これを密閉できる保存袋に入れて冷凍しておくと、使うときラク。凍ったまま加熱調理できるので、オムレツや炒め物など、ちょっとひき肉が欲しいときにあると便利だ。ただし、できるだけはやく使い切ること。

肉を冷凍するときの意外な注意点

解凍した肉は、やっぱり味が落ちる……。そう思っているなら、冷凍の仕方を見直してみるといい。

もしかして、買ってきた肉をパックごと冷凍庫に入れていないだろうか？　それが習慣になっていたら、味が落ちるのも当然。なぜなら、冷凍の足を引っ張るのは「空気」。スーパーで買ってきた肉は、たいてい発泡スチロール製のトレーにのっているが、その状態では、お肉とラップの間に空気が入る。そのまま冷凍庫に入れれば、空気をたっぷり詰め込んで凍らせることになってしまうのだ。

するとどうなるかというと、空気中の水分が凍って霜になる。それが肉に付着して霜だらけになり、酸化が進みやすくなる。肉が硬くなる。しかも、パックのままでは冷凍に時間がかかるという悪循環。その結果、肉の品質は格段に落ちてしまう。

肉も、コンパクトにしてスピーディーに凍らせることが鉄則。そこで、冷凍するときは市販のトレーから必ず取り出すこと。早く凍るように肉は小分けにし、薄く平らにのばしてからラップでぴちっと包む。とにかく、空気に触れさせないことが第一。これをフリーザーバッグなどで密閉してから冷凍庫に入れれば、酸化と乾燥を阻止してうまく冷凍できる。せっかくのおいしい肉を台無しにしないよう、できるだけ早く、正しい方法で冷凍庫に送ろう。

魚を買ったときのパックのまま保存してはいけない

魚を冷凍保存するときも、買ったときのまま冷凍庫に入れるのは、もちろんタブー。冷凍でおいしさを閉じ込める原則は、短時間でさっと凍らせること。ところが、発泡スチロール製のトレーは熱伝導が悪く、凍るのに時間がかかってしまう。

そこで、まずトレーをはずす。そのうえで、「クッキングペーパーで水気をよく拭き取る↓一切れずつラップでしっかり包む↓冷凍用パックへ入れて冷凍室へ」、という手順を踏む。これをやるかやらないかで保存状態がかなり変わる。空気を入れないことで、酸化と乾燥が防げるので、パッキングの手抜きをしてはいけない。

一尾魚をまるごと冷凍する場合は、内臓やエラを取り除く下処理をしたあと、よく洗ってからラッピングすると傷みにくくなる。

家庭用冷蔵庫は長期保存には向かないので、冷凍してもできるだけ早く、2週間ほどで食べきることが理想だ。

食器をスムーズに洗う順番とは？

食事のあとに待っているのが、後片付け。できるだけ早く済ませるために、洗う手順にちょっと工夫を。心がけたいポイントは、次の6つ。

1　汚れの少ない食器と多い食器を分ける
2　汚れが広がらないよう、食器は重ねない
3　ぎとぎとした油や食べ残しは、キッチンペーパーなどで拭き取っておく
4　ごはんやソースなど、汚れがこびりついた食器には水や湯をはっておく
5　汚れの少ない食器から先に洗う（割れやすいグラス類は真っ先に）
6　すすぎは小さいものから大きいものへ

この通り、手ごわい汚れは洗う前に拭き取る、水や湯でふやかすなどしておけば、手際よく洗える。

レンジの臭い消しにはなぜみかんの皮なのか？

電子レンジを使ったあと、食品の臭いがこもって消えないことがある。ここで役立つのが、なんと、みかんの皮。やり方は、みかんの皮をそのままレンジに入れ、40秒ほど加熱するだけ。こんなに簡単に消臭できるのは、みかんに含まれるリモネンという物質が臭いを取ってくれるからだ。レンジ内の臭いが気になるとき、捨てようとしていたみかんの皮があれば、さっそく試してみよう。5個分ほどの皮があれば、効果はてきめん。他に、同じ効果があるオレンジの皮でもＯＫ。コーヒーのカスや緑茶なども、レンジ内の臭い消しに利用できる。

容器に残ったマヨネーズでできる即席マヨポンとは？

マヨネーズが残り少なくなったとき、チューブ容器の中でドレッシングを作ると、中にこびりついたマヨネーズを無駄なく使い切ることができる。いちばん簡単なのは、「マヨポン」。マヨネーズ容器にポン酢を適量入れてしゃかしゃかとふるだけなのに、十分においしい。他にも、サラダオイルと酢、こしょうなどを入れてシェイクすれば、即席「マヨドレッシング」に、ポン酢の代わりにしょうゆを使えば、ちょっと濃い目の「マヨしょうゆドレッシング」に、と応用自在。

ゆでたパスタの残りは、冷凍保存でまた使える

多めにゆでて余ってしまったパスタ、どうしているだろうか? もし処分していたなら、ちょっと待った。そのパスタ、すぐ冷凍保存すれば、まだおいしく食べられる。

水気を切ったら、温かいうちにサラダオイルなどの油をからめ、ラップに包んでからフリーザーバッグに入れる。油をからめて膜をつくると、使うときパスタ同士がくっつかず、扱いやすくなる。できるだけ袋の中の空気を抜き、密封してから冷凍庫へ。食べるときは、冷蔵庫で自然解凍か、レンジ解凍、あるいは凍ったまま沸騰した湯でさっとゆでてもOK。時間がないとき、この「冷凍ゆでパスタ」があれば、すぐ使えて大助かりだ。

6

上品に食べる、おいしく食べる

Using this book,You Can Understand All the Respected Tricks of Cuisine!

西洋料理の食べ順は「左手前から」が基本です

ステーキを食べるとき、初めに全部切り分けてから口に運ぶ人を見かける。いくら食べやすいとはいえ、これはマナー違反。単に行儀が悪いだけでなく、肉汁が出やすくなったり、冷めやすかったり、と料理そのものの味を落としてしまう行為なのだ。

正しくは、一口で食べきれる量を左側から順に切り分けて食べる。そう、一口ずつカットすれば、おいしいステーキをおいしいまま食べ進められるのだ。

魚料理も同じで、やはり「左側から」切り分けて食べる。

奥に添えられたつけ合わせの野菜とメインは交互に食べ、一方だけに偏らないように気を配ること。同時に食べ終わるくらいがベストなので、メインもつけ合わせも一緒のフィニッシュを目指そう。

メインとサブではなく、平皿に数種の料理がのっているときは、何から食べればいいのか？　その場合は、「左手前から一つずつ」と覚えておけば失敗がない。手前の料理から順に片付けていき、奥の料理へと進もう。好物だからといって、いきなり奥の料理に手を出さないことだ。

結局、ライスはフォークのどこにのせるのか

ナイフとフォークを使って洋食を食べるとき、ライスをどうやって食べているだろうか。ライスをのせるのはフォークの背？　それとも腹？

答えは、食べやすいほう。そう、「フォークの腹」にのせて食べればいい。

フォークの背にライスを押しつけて食べるのは旧式のマナーで、これをやるとライスがパラパラと落ちて食べづらく、どうしてもぎこちなくなってしまう。マナー違反ではないが、そんな無理はしなくてもいいのだ。

レストランでライスを食べるときは、左手のフォークの腹側を上に向け、一口分ずつライスをすくって口に運ぶ。その際、右手のナイフを添えると、ライスがこぼれにくくなる。または、フォークを右手に持ち替えて、すくって食べる。周囲を不快にさせないよう、見た目に美しく食べることが基本だ。

そもそも、洋食ではライスというのはあくまで脇役。ライスを別の皿に盛って食べるのも日本発のオリジナルなので、世界標準の食べ方があるわけではない。あまりライスの食べ方に神経質になることもないわけだ。

料理のソースをパンにつけるのはＮＧ

料理にかかっていたおいしいソースがお皿の上に残ってしまい、もったいなく感じることがある。ただし、このソースをパンですくって食べるのはマナー違反だ。ついやってしまいがちだが、見た目にエレガントでないし、料理に添えられたパンはあくまで引き立て役として出されるもの。きちんとした席では、ソースは料理につけて食べるのが原則だ。

ころがって食べづらい食材の上手な取り方

皿の上の料理をフォークで取ろうとしたものの、うまくつかめないことがある。

特に手ごわいのが、豆やコーンなど、小さくてころころした食材だ。フォークで追いかけても逃げられてしまうなら、フォークの背で食材をちょっとつぶしてみよう。これだけで、扱いやすくなる。

フォークで取りづらいサラダの葉っぱなどが皿に少し残ったときは、小さくちぎったパンで押さえながらフォークにのせればうまくいく。

食前酒はなぜ「食前」に飲むのがいいのか

「食前酒」といえば、シャンパンやシェリー酒、キールなどがよく知られている。ルーツはフランスで、フランス語で言うと「アペリティフ」。食事の前に「軽く一杯」の習慣が始まったのは19世紀頃のことで、その目的は、おなかをほどよく刺激しながら、楽しい食事のムードを作ることだった。

つまり、食前酒はオンとオフを切り替えるお酒なのだが、その共通項は「アルコール度数が高すぎない」ということ。すきっ腹に飲むため、アルコール度数が高すぎると胃の消化を妨げることになりかねないが、ほどほどの度数なら体にとって好都合。最初の一杯に刺激されて胃の働きがよくなり、食欲と共に気分も高めてくれる。度数の低いアルコールは味覚を刺激する作用もあるため、あとの食事をおいしく味わうことができるだろう。

食前酒のカクテルは白ワインベースのものが多く、代表的なのがキール。白ワインにカシスのリキュールを混ぜているので、見た目はきれいな薄紅色になる。材料さえあれば簡単に作れるので、試してみては。

「ソテー」と「ポワレ」の違いは何？

フランス料理のレストランでメニューを見ていて、慣れないカタカナ語に戸惑うことがある。たとえば、オススメ料理として「スズキのポワレ」や「チキンソテー」と書いてあったら、ポワレとソテーの違いがピンとこないまま、何となく選んでしまったり……。

そこで、ちょっとおさらいしてみよう。

まず「ソテー」。これは、肉や魚をフライパンで熱した油で炒め焼きにした料理で、さっと短時間で火を通して作る。「ポワレ」のほうは蒸し焼き。たとえば、フライパンにフタをして、じっくりうまみを閉じ込めて焼くような調理法だ。

焦げ目をしっかりつける料理は「グリエ（グリル）」。網などを使って直火で調理するやり方だ。

ついでに、「ロティ」は肉や魚のかたまりをオーブンで焼いた料理。「ブランケット」は肉をホワイトソースで煮込んだ料理。

フランス料理の調理用語は他にもいろいろあるが、まずは、ソテーとポワレの違いだけでも覚えておくと、メニュー選びに自信がつきそうだ。

見た目がきれいなちょっとしたバターの塗り方

きちんとした格好でコース料理を食べるようなときは、パンの食べ方やバターの塗り方にもマナーが問われる。家で朝食のパンを食べるときと同じ、というわけにはいかないのだ。

まず、バターはバター皿から使う分だけを自分のパン皿に取り分ける。

いざパンにバターを塗る段になって、いきなりパンの全面にベタッと塗るのはNG。和食でいえば、ごはんの上にのりと佃煮をべったりのせるようなもので、欲張りすぎである。ではどうすればいいかというと、パンはまず、一口で食べられるぶんだけちぎる。バターナイフを使ってそのちぎったぶんだけにバターを塗り、口に運ぶというのがマナーだ。食べるのも、バターを塗るのも、ちょっとずつ、一口ずつ、と心がけよう。

パンに関しては、もう一つ気をつけたいことがある。

特にバゲットをはじめとした皮の硬いパンをちぎると、どうしてもテーブルの上にパンくずが飛び散りやすい。

このパンくずの処理は店の人に任せるのが基本。自分の手でパンくずを集めたりするのは、かえってエチケットに反する行為なので注意。

スプーンなしでスパゲティを上手に巻くコツ

日本人の多くは、スパゲティはフォークとスプーンで食べるのがいいと思っている。右手にフォーク、左手にスプーンを持ち、スプーンの上でスパゲティをくるくる巻いて口に運ぶのが一般的。店でフォークしか出てこなかったら、「スプーンもください」と注文する人もいる。

ところが、イタリア人がその様子を見たら、「えっ、ニッポンジンって行儀が悪いなぁ」と思うかもしれない。実は、パスタの本場イタリアでは、スプーンを使うのは子どもぐらい。地方によってパスタの食べ方は微妙に変わるが、基本的にスプーンなし。つまり、フォークだけで食べるのがノーマルなのだ。

スプーンとフォークで食べるのに慣れると、フォークだけでスパゲティを巻くのはけっこう難しい。ただし、コツを知っていれば大丈夫。気をつけるのは「フォークの角度」だ。皿の端の方でフォークを垂直に立て、先端が皿から離れないように回すとスパゲティがしっかり巻ける。1度に巻く量はひと口分よりやや少な目。少しずつ、少しずつ口に運ぶのが、マナーを知っている人の食べ方なのだ。

フォークを寝かせた状態でスパゲティを巻くと、持ち上げたとき巻きがゆるんでほどけてしまう。いうまでもないが、食べるときは日本そばのようにズルズル音を立ててはいけない。

カクテルを飲むとき、マドラーはどうする？

洒落たバーでじっくり会話を楽しもうというシーンでも、カクテルを飲み慣れていないと、勝手がわからずぎこちなくなってしまう。たとえば、マドラーの扱い。グラスにマドラーが入っていたら、これをどうするかでカクテルの初心者はまず悩むのだ。

マドラーを入れたまま飲む。あるいは混ぜたら、マドラーは取り出す。

正しいのは後者で、マドラーの主な用途はカクテルなどをかき混ぜることなので、用が済んだら取り出してコースターの上や紙ナプキンの上に出しておけばいい。マドラーを入れたままだと、邪魔になって飲みづらいし、飲む姿も不恰好。さっとかき混ぜたら、すぐ取り出し、あとはじっくりお酒を味わうことだ。

グラスの縁に添えられたレモンやライムは、中に入れたままでも、搾ってから取り出しても、どちらでもＯＫ。取り出したものは、見苦しくないように紙ナプキンに包んでおくと印象がよくなる。

カクテルについている「ストロー2本」はなんのため？

カクテル初心者がもう一つ悩むもの、それは「ストロー」の存在だ。

たとえば、カルアミルクに極細ストローが2本入っていたとする。2本というと「ペア」を連想する人もいるが、本来このストローはかき混ぜ用。「お二人で仲良くどうぞ」という意味ではない。飲むとき使ってもかまわないが、極細ゆえに吸引力が必要。カクテルを一生懸命吸う姿はスマートではないので、あまりおすすめできない。

マイタイのようなトロピカルカクテルには、よく普通の太さのストローが2本入っているが、これもやはりペア用ではない。飲むとき使うのは1本で、もう1本はスペア。ストローの中に氷が詰まってしまったら、スペアの方に替えて飲むという使い方が正しい。

添えられたフルーツはどうすればいいかというと、もちろん食べる。お酒と共にフルーツの味も楽しみ、種や皮などは、ナプキンに包んで目立たないように置く。

彩りの花飾りは、取り出しても入れたまま飲んでもＯＫだ。

知っておきたいワイングラスの持ち方のマナー

ワイングラスを支える細い脚のことを「ステム」というが、このステムをつまむようにして持つのがマナーだ。

ワインが入っている上部を手のひらで包むように持つのはＮＧ。というのも、ワインはデリケートな飲み物で、サービスする側は適度な温度を保つために神経を注いでいる。上部を手の平で包んでしまうと、体温が伝わってせっかくの温度調整が無駄になりかねないのだ。それに、指紋がつくとグラスが汚れてしまうので、常に脚の部分を持つのが鉄則。

注がれたワインをグルグル回すのはどうだろう。これは、空気を触れさせて香りの変化を引き出すのが目的だが、慣れない人は無理にマネをすることはない。回しすぎてこぼしてしまったら目も当てられないので、そのまま揺らさないで飲むことだ。

ワイングラスをテーブルに戻すときは、必ずテーブルの右側に置く。通常、給仕するスタッフは必ず席の右側からサービスするからだ。

グラスの置き場所というのは意外と意識しないものだが、勝手に位置を変えて左側に戻したりしないように。

食べ終わった食器は重ねる？　重ねない？

レストランでは、小さな親切心が大きなお世話になってしまうことがある。後片付けがそうだ。たとえば、目の前に食べ終わった皿が置いたままになっていると、「早く片付けてくれないかなぁ」と思う。なかなか取りに来てくれないと、大きな皿の上に小さな皿を重ねてテーブルの隅に寄せておくなど、片付けやすいように工夫してみる人もいるだろう。しかし、これこそが、店側にとってはありがた迷惑。

食べ終わった皿は、重ねてはいけない。いくら店が忙しそうに見えても、後片付けには手を出さないほうがいいのだ。

各レストランでは、料理を魅力的に演出するために食器を厳選している。中にはかなり高価なものもあるだろう。ところが、これを重ねると食器同士の摩擦で傷がつきやすくなってしまう。せっかくの食器の劣化を早める可能性もあるわけだ。それに、重ねた食器の底には、下の食器の汚れがつくため、洗うときかえって手間。

お客がやるべきことは、フォークとナイフを皿の右斜め下に揃えておくだけ。ナイフの刃は内側、フォークは上向きにすれば「食事終了」のサインだ。

日本料理で覚えておきたい「器」の法則①

日本人は、ごはん茶碗やお椀を持って食事をするのがあたりまえ。たいていの器は持って食べたほうがお行儀がよいとみなされる。利き手でないほうに器、利き手に箸というスタイルが体にしみついているのだ。

刺身用のしょうゆ皿も、酢の物が盛られた小鉢も、手に持つ。

カツ丼や牛丼を食べるときも、どんぶりを持つ。小さめのお重も、やはり手に持って食べるのが日本スタイルだ。

ただし、持って食べないほうがいい器もある。たとえば、焼き魚が盛られた平皿、刺身やてんぷらの盛り合わせがのった平皿、大きめの煮物の椀や大きめのお重などは、持たない方がいい器に分類される。理由は簡単で、手で持ち上げると重いからだ。重い器を無理して持てば危険だし、食べる姿も不恰好に見えてしまうだろう。

つまり、「手でラクに持ち上げられる器は持つ。そうでない器は持たない」と考えればいい。持ち上げにくい大きな器はテーブルに置いたままにし、料理を箸で取って食べる。ごはん茶碗や汁の椀を見ればわかるように、手で持つ器は、もともと手のひらに収まりやすいカタチ、大きさに作られているものだ。

日本料理で覚えておきたい「器」の法則②

会食の席で、左奥に置かれた小鉢を取って食べるとする。そんなとき、右手と左手どちらの手で器を取るのが正しいのだろう？

「利き手の右で取る」という人がいたら、それは「袖越し」といってマナー違反になってしまうので注意。

「袖越し」というのは右に置いてあるものを左手で、左に置いてあるものを右手で取ることで、やってはいけない和食のタブー事項。袖越しをして左にある器を右手で取った場合、料理の上を手でまたぐことになるし、料理に服がこすれて汚してしまう可能性もある。人の料理の上を手でまたぐというのも、もちろんやってはいけない行為。むこうの方にあるしょうゆを取るために「ちょっと失礼」と手を伸ばしてはダメなのだ。

右のものは右手で、左のものは左手で取る。そして、遠くのものは、近くの人に頼んで取ってもらう。器は両手で取り上げるのがていねいとされるが、右にある器は右手で、左側にある器は左手で取って引き寄せてから両手を添えるようにすればいい。それが、基本マナーだ。

これだけはおさえたい箸の取り方〝3つのステップ〟

すべての料理を箸だけで食べる、というのが和食スタイルの特徴である。日本の箸のルーツを探ると、もともとは神様にお供えものをするときに使う「神器」だったといわれる。とても神聖な存在だったわけで、箸を正しく取り扱うことこそ食のマナーの原点。が、その基本が意外とできていないのが、現代の日本人である。ちょっとおさらいしてみよう。

まず、箸の取り方にもルールがあり、本来〝3ステップ〟で取るのが正しい。①食卓に置かれた箸を、右手の中指、人指し指、親指を使って上からつまみ、2本揃えて取り上げる。②左手の指先をそろえ、箸の下に添えて支える。③右手をすべらせて箸の下へ移動。正しく持ち替え、左手を離す。

この一連の動作を「三手で取る」という。普段はつい適当にやってしまいがちだが、本来、箸は両手を使って取り上げるものなのだ。箸を置くときは、この順番の逆になる。

では正しい箸の持ち方は？　持つ位置は箸の真ん中より上。人差し指と中指で上(外側)の箸をはさみ、親指のつけ根と薬指で下の箸(手前)をしっかり固定。この状態で、上の箸を上下に動かしながら使う。

取り扱いはあくまでていねいに。別に難しい動作ではないので、基本だけはマスターしておきたい。

食べているとき、左手の位置はどこがベストか？

箸を持つ手がきれいに決まったら、今度は左手。実は、左手というのはその人のマナーのセンスがあらわれるところだ。

たとえば、食べ物を口に運ぶとき、箸を持たない方の左手を受け皿のように添えて食べる姿をよく見かける。

いわゆる「手皿」だが、これを上品なマナーだと思ってやっていたら、それは勘違い。むしろ、日本料理の作法ではやってはいけないしぐさなのだ。もし手皿の上に食べ物の汁が落ちたりしたら、不潔な印象を与えかねない。

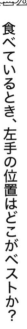

だからといって、汁をこぼさないようにとテーブルに口を近づけて食べれば、今度は「犬食い」に。背中を丸めてガツガツやれば、やはり周囲の人に不快感を与えることになるだろう。

本来、料理というのは背筋をピンと伸ばし、姿勢をよくして食べるもの。そして、「手で持ち上げられる器は持つ」という和食マナーに従えば、自然といい姿勢をキープできる。

汁がこぼれそうなときは、口を器に近づけるのではなく、「器を顔のほうに近づける」のが基本。

手に持てない大きな器から料理を取る場合、汁がたれそうなら受け皿や懐紙を使ってこぼれるのを防げばいい。

その必要がないときも、左手はひざの上ではなく、テーブルの上に軽く置いておくほうが姿勢がよく見える。

箸置きがないときは、どこに置けばいいの？

食事中にいったん箸を置くとき、定位置は「箸置き」の上と決まっている。そして、箸置きの定位置といえば、お膳やテーブルの手前の左側。では、箸置きが見当たらないときは？　ありがちなのは、盆やテーブルの上にペタッとじかに置く。あるいは、手前の器の上に置く。もしそれをやっていたら、悪いお手本。箸先には食べ物の汚れがついているので、じかに置いたり、器の上に目立つように置くことは避けなければならない。

対策は二通りある。一つは、お膳（折敷）の左手前に箸先をかけるようにして置く。つまり、お膳の縁の段差を利用するわけだ。

もう一つは、割り箸の箸袋を折りたたんで即席の箸置きにする方法。簡単な作り方は、まず箸袋を4～5㎝の長さに折りたたみ、これをさらに二つ折りにする。両端を中に折り込んで足を作れば出来上がり。割り箸がなければ、懐紙を使う手もある。

箸置きであれ、即席の箸置きであれ、箸先は2～3㎝ほど出して置くのがマナー。つまり、汚れた箸の先端を直接箸置きにつけないようにするのだ。見た人が不快にならないような気配りを。

割り箸の割り方を甘くみてはいけません！

外食すると割り箸のお世話になることがあるが、その割り方にもちゃんとルールがある。

まず、いつもの割り方をちょっと思い出していただきたい。無意識のうちにやっているかもしれないが、適当にやると人の迷惑になりかねない。

たとえば、「割り箸を立てて持ち、左右に割る」というのは、よくありがちな間違い例。

その場合、割った拍子に隣の人に手が触れてしまうことがあるし、何より人前で箸を立ててパチンとやるのはスマートではない。

正しい割り方はというと、「箸はヨコにして持ち、扇を開くような要領で上下に割る」。

つまり、ここでいちばん大切なのは、〝箸の向き〟。タテではなくてあくまでヨコ。

箸はヨコにして
扇を開くように
上下に割る
パチ
おっできる

しかも、目立たぬようにひざ上あたりで静かにパチッとやれば、安全だし品よく見える。

うまく割れずにささくれができてしまったら、指先でそっと取る。ささくれを取るために箸先をゴシゴシこすり合わせるような行為は好ましくない。

食べ終わったら箸袋に箸を戻し、袋の先を3分の1ほど折り曲げておくのが食後のマナー。汚れた箸先をさらしたまま席をたたないほうがいい。

寿司の上手な食べ方は、しょうゆのつけ方で決まる

寿司の食べ方の上手・ヘタは、しょうゆのつけ方で決まる、といっても過言ではない。

ごはんの方につけるのは厳禁。せっかくの寿司がくずれやすくなり、しょうゆ皿にごはん粒が残ると汚らしい印象になってしまう。寿司をまず横に倒し、ネタの先端にちょっとだけしょうゆをつけて食べるのが正しい作法で、この〝ちょっと〟が大切なところだ。

ただし、うにやいくらなどの軍艦巻きは、ごはん側にしょうゆをつける。食べるときの手順は、横に巻いたのりの部分を持ち、底のごはんの端っこにしょうゆを少々つける。ここでもやはり、つける量はちょっとにする。たくさんつけすぎると、せっかくの巻きを崩してしまいやすく、味もそこなうので注意。また、時間を置くとのりが湿気を含んでしまうので、できるだけ早めに食べること。

軍艦巻きの場合、ガリにしょうゆをつけ、ネタにちょんちょんとつけてから口に運んでもいい。

寿司は、カウンター席なら手でつまんで食べてOKだが、格式の高い店なら箸で食べるのが無難。一人前ずつ器に盛られた寿司は、箸で食べたほうがスマートな印象になる。

ちらし寿司の正しい食べ方を知っていますか?

にぎり寿司は一口で食べるのが粋だとされているが、ちらし寿司はどうやって食べるのがいいのだろう。

ちらし寿司というのは、職人さんが見た目の美しさを意識して、精魂込めて盛り付けをしている。それをきれいに食べることが前提である。

よくない食べ方の例からいうと、いきなりネタの上全体にしょうゆを回しかけるのはNG。また、しょうゆをつけたネタをお重やどんぶりの中に戻し、ネタとごはんを混ぜるようにして食べるのも間違っている。

ネタとごはんは「交互に食べる」のが正しい。

まずは小皿にしょうゆを入れ、一つのネタにワサビをのせてから、しょうゆをつけて食べる。次はネタの下の寿司めしを口に運ぶ。つまり、ネタ↓ごはん↓ネタ、の順番を守ることが、上手にちらし寿司を食べるコツなのだ。

その場合、好きなネタからより好みして、あっちこっちに箸をつけるのは見苦しい。端から順に食べていくと盛り付けもくずれず、見た目にきれいな印象になる。

焼き魚は、まずどこに箸を入れるべき？

切り身魚の場合は、左側から箸を入れていけば問題ないが、やっかいなのは姿焼きだ。きれいに食べるには、どんな順番で箸を入れればいいのだろう？

いうまでもないが、最初に食べるのは、中骨より上の部分。つまり上身だが、まず頭に近い背のあたりに箸を入れ、そこから尾に向けて一口ずつ食べ進める。目安として「エラの後ろ」をスタート地点にし、次はおなかの方、そして尾の方へと左から右に箸を入れていく。

上側の身を食べ終えたら、次は下身。ここで、エイッと裏返しにするのはかなり行儀の悪いやり方。ひっくり返すのは最大のタブーだ。

正しくは、魚の位置はそのまま、中骨をはずして下身を食べるようにする。中骨と下身の間に箸を入れて中骨をぐっと持ち上げ、頭と尾をつけたままはずす。やりづらければ、頭を左手で軽く持ち上げるといい。

骨を外したら皿の奥にやり、残りの下身を上身と同じ手順で頭に近いほうからいただく。

食べ終わったら、皮や小骨は皿の隅にこぎれいにまとめること。難解な食べ物だけに、上手に食べれば相手に好印象を与えるものだ。

上手な鮎の食べ方は骨の抜き方がポイント

同じ姿焼きでも鮎は独特の食べ方をする。他の焼き魚とは違い、最初に骨をスッポリ取ってしまったほうが食べやすくなるのだ。

骨離れをよくするために、頭の部分に手を添え、まずは箸を使って頭から尾にかけて数箇所を軽く押さえる。そのうえで、頭の付け根（エラの部分）に箸で切れ目を入れ、頭と本体の身とを切り離す。

さらに尾の骨を上に向けて折り、取り除く。そこまで準備できたら、箸で身をはさみ、もう一方の手で頭を引っ張って中骨をスルスルと外してからいただく。

魚の皮が苦手な人もいるが、鮎は皮が薄くてパリッと焼けるので、身と一緒に食べて大丈夫。もし骨がうまく抜けなかったら、他の姿焼きと同じ要領で箸を入れていけばいい。

塩やしょうゆで味わうのもいいが、塩焼きには特別に「たで酢」が用意されていることが多い。これは河川などの水辺や湿地に自生する「蓼《たで》」という植物をすりつぶし、酢で溶いたもの。古来より魚の生臭さをとる調味料として珍重されている。中にはみそと合わせた「たでみそ」を使用するところもあるが、昔ながらの日本人の知恵を味わうつもりで試してみたい。

やわらかい煮魚をくずさないで食べるには?

魚の姿焼きと同様、一尾をまるごと使った煮魚も食べるのが難しい料理の一つ。やわらかいので箸は入れやすいが、反面、くずれやすい。

くずさずに食べるなら、やはり手順を踏むこと。つい身の詰まったおなかから食べたくなるところだが、やはり「エラの部分」から箸を入れる。エラから右方向に進み、まず上身の上半分、次に下半分の順に食べていくのがコツ。

下身を食べるときは、決して裏返してはいけない。必ず中骨を箸で取り除いてから、というのがルールだ。食べ散らかした印象にならないよう、食べ進めながらきれいに整える、そしてまた食べる、の繰り返し。つまり、焼き魚の食べ方と基本の流れは同じで、上身↓中骨をはずす↓ひっくり返さずに下身、という手順を厳守すること。上手にスタートを切り、整えながら次に進めば、きれいな皿でゴールできるだろう。残った骨などは見苦しくならないように小さくまとめ、皿の隅へ。

焼き魚に添えられたレモンを上手に搾る方法

和食店に行くと、運ばれてきた焼き魚に輪切りのレモンがよく添えられている。このレモンの使い方だが、いきなり素手でレモンを持ってぎゅっ、ぎゅっと搾るのはマナー違反。だからといって、レモンを単なる飾りものにしてしまっては意味がない。レモン汁をかけると魚の塩気や脂っぽさが緩和され、さっぱり食べられるものだ。そこで、上手なレモンの搾り方だが、やはり、きちんとした席ではレモンを搾るときも箸を使う。

まず魚の身の上に輪切りのレモンを置く。その斜め上から箸を当て、軽くおさえるようにして。そのままレモンをちょっとずつずらしながら全体に香りをゆきわたらせていく。

これで物足りなければ、ちゃんと汁を搾ってもいい。ただし箸を使って。

まず左手でレモンの端を持ち、右手に持った箸でレモンのもう一方の端をつまむ。こうして手と箸で両端を持ってねじりを入れれば汁がたっぷり搾れる。

指先についたレモン汁は、おしぼりや懐紙で拭くことを忘れずに。

焼き魚のつけ合わせ「はじかみ」を食べるタイミング

一口にしょうがといっても、「根しょうが」「谷中しょうが（葉しょうが）」「矢しょうが（筆しょうが）」と各種ある。焼き魚などに添えられる「はじかみ」は、矢しょうがを熱湯でゆで、冷ましてから酢、砂糖、水で作った甘酢に30分ほど漬け込んで作ったものだ。

焼き魚にはよくつけ合わせとしてはじかみが添えられているが、その食べ方にもルールがある。といっても、大切なのは食べるタイミングだ。好物だからといって、先に食べてしまわないこと。魚と交互にちびちび、という食べ方もお手本にはならない。そう、はじかみは「最後」に食べるのがルールなのだ。

焼き魚にはじかみを添えるのにはちゃんと意味があり、食べたあと口の中に残る生臭さを消す、という目的がある。そこで、魚を食べ終わるまでとっておいて、はじかみで口直しをするわけだ。酢取蓮根などが添えられていた場合も、同じように最後に食べるといい。

大皿盛りの刺身を取り分けるときのマナー

きれいに盛られた刺身の大皿盛りや、ドーンと運ばれてきた舟盛りは、手をつけるのがもったいないような気がする。その板さんの腕に敬意を表し、こちらもマナーに則ってきれいにいただきたいものだ。

まず、小皿に取り分けるときは、取り箸を使う。もし用意されていなければ、「直箸で失礼します！」と一言まわりに断ってから、自分の箸で取るといい。気を遣って箸を上下に持ち替える人がいるが、それは「返し箸」と呼ばれ、マナー違反になってしまうので気をつけて。

取り分けの順番は、目上の人が先。これは、どんな大皿料理を取るときにもおさえておきたい最低限のマナーだ。

大皿のどのへんから取るかも気になるところだが、「盛り付けをできるだけくずさない」ということを第一に考える。端のほうから、あるいは上のほうから、順に取っていくのが無難だろう。もちろん自分の好物だけたくさん取ったり、いきなり奥の方に手を出して盛りを一気にくずすようなことは避けたい。大皿を囲むときは、みんなが快適に食べられることが最優先だ。

自分の小皿に取るときも、ちょっとでいいからきれいに見せるための工夫を。まず最初に刺身のつまをこんもりとのせる。そこに寄せかけるように大きめの刺身を置き、その手前に小さめの刺身をのせる。奥を大きく、手前を小さく盛ると、自然と格好がつく。

せいろに盛られたそばは、どこから取る？

「食べ方」が何かと話題になるそばだが、あまり上品に食べるよりは、軽く音を立てて気持ちよくすするほうがいいとされている。適度に「ズルズルッ」とやっても大丈夫なのだ。

では「そばのつまみ方」についてはどうだろう。食べ方に比べれば地味な話題ではあるが、せいろに盛られたそばは、どこから箸をつけるのが正しいのか？

せいろの端からお行儀よく箸を付けるのが流儀だと思っている人もいるが、つまみ方も品よくしすぎないほうがいい。むしろ、大胆にせいろの真ん中から箸をつけるというのが正しい。理由は、上のほうから食べるように盛り付けてあるためで、単に、真ん中から取ったほうがからまなくて取りやすいのだ。

ただし、1度に取るそばの分量は欲張りすぎないこと。箸を高く上げるほどどっさり取るのは失格で、一口ですすれる量をちょっとずつ箸で取って口に運ぶ。そばというのは「ほおばる」ものではなくてむしろ「のみこむ」もの。2～3回かんでズルズルッとのみこめる量がちょうどいいのだ。

そば通は「$\frac{1}{3}$だけ汁をつける」

次は、そばの食べ方。そばを箸で取ったら、そば猪口に入ったそばつゆにつけて食べるが、ここでそばつゆをどっぷりつけるというのは初心者のやり方。

そば猪口の中でそばを泳がせてはいけない。そばつゆはそばの先にちょっとつければ十分。1/3～半分くらいまでつけて一気にすすり、2～3回かんでのどごしを楽しむというのが上級者だ。つゆを少しつけることで、そば本来の風味を消さずに味わうことができる。

そば猪口に入れるそばつゆの量はたっぷりではなく半分くらいが適当。薬味として小皿にワサビやネギが添えられているが、ワサビはそばつゆに溶かすのが普通。直接そばにつける人もいるが、それは好き好き。七味唐辛子はつゆに入れず、直接そばにふりかけるというのが正しい流儀だ。

そば猪口は、そばつゆが飛び散らないように口元に近づけて食べよう。

天丼のエビの尻尾はどこに置けばいいの？

丼物の名前の由来はいろいろあるが、面白いところでは「つっけんどん」という言葉から来たという説がある。その言葉が示すように、忙しいときに素早くかきこむために考案された食事のようだ。

最も古い丼物は、19世紀の初めに江戸に登場した「うな丼」。続いて江戸末期に「深川丼」が、そして明治以降に「牛丼」「親子丼」「天丼」などが登場している。

忙しいとき食べやすいようにと考案されただけに、作法や決まりごとはなく、丼を手で持ち、丼の縁に口を付けて直接かきこんでかまわない。それがいちばんおいしい食べ方でもある。

ただし、食べ残したエビの尻尾をテーブルの上にそのまま置くのはマナー違反。じかに置くのはやめ、丼のフタにのせておくようにする。

あえてマナーといえば、「ばっかり食べ」は嫌がられる。丼物に不慣れな人によく見られる食べ方だが、具ばかりを先に食べ、ごはんをあとから食べるというやり方だ。

できるだけ温かいうちに、ごはんと具を一緒にかき込もう。

アツアツのてんぷらが出てきたら手前から食べる

てんぷらの盛り合わせも、見た目のきれいさを意識して盛り付けの工夫が施されている。そこで、出されたらまず全体を見渡して目で楽しみたい。

そして、すぐに食べ始める。出てきたてんぷらは、アツアツのおいしいうちにいただくのがマナーだが、どこから箸をつけるのが正しいのか。

自分の好物から？　それとも好物はあとまわし？　迷うところだが、手前から順に食べていけば間違いがない。盛り付けをくずさず、きれいに食べることができるものだ。

てんつゆはつけすぎないこと。つゆをポタポタたらすほどつけてしまうと、揚げたてのパリッとした食感が損なわれてしまう。サッとつけて、素材の味をかみしめるのが、おいしく食べるコツだ。

基本的に一口ずつ箸で切っていただくが、箸で切りづらいものは、懐紙や手で口元をおおいながら、噛み切っても問題はない。つゆをたらさないよう、お椀は左手で持って口元に近づけて食べる。

魚の尻尾は、ひとまとめにして懐紙でおおっておく。ただし、カラッと揚げていれば歯ごたえがいいので、食べてしまってもいい。

茶碗のフタはどこにどうやって置けばいいの？

フタつきの器のフタをどこに置くか？　慣れないとちょっと迷うが、ルールは簡単。右側に置かれた器のフタは膳の右外、左側に置かれた器のフタは膳の左外に置くのが基本。器が右ならフタも右、器が左ならフタも左と単純に考えればいい。

汁椀は手前右側が定位置なので、フタの置き場所も右。煮物や蒸し物などがフタつきの器で出てきたときは、器の位置に応じてフタを左右どちらに置くかを決める。開けたフタは必ず内側を上に向けて置き、しずくがたれないようにする。塗りの椀など、高価な器を傷つけてしまうこともあるので、いくつかのフタを重ねて置くのもよくない。取り扱いは、あくまでゆっくり、ていねいに。

コース料理の最後をしめくくるのはお茶とお菓子だが、お茶がフタつきの茶碗で出てきたとき、フタはどこに置けばいいのか？

正しいのは「右」。お茶とお菓子の定位置は、和洋にかかわらずお茶が右でお菓子が左。そこで、茶碗のフタの定位置は右ということになる。フタを開けるときは、左手を茶碗に添え、右手でフタのつまみをもってゆっくり持ち上げる。しずくを茶碗の中に落としてから静かにフタを置けば好印象。お茶だけ出されたときも、フタの置き位置は右でいい。

幕の内弁当にも正しい食べ順があった

お弁当の〝食べ順〟などあまり考えないものだが、刺身やてんぷらも付いた豪華版のお弁当ほど、食べ順を意識したほうがスマートな印象になる。

別に難しいことはない。幕の内弁当のような和食のお弁当の場合、会席料理のコースに倣えばいいのだ。

会席料理とは、いうまでもなく日本の伝統的な宴会料理である。

冠婚葬祭の席でもおなじみだが、酒を楽しむための料理なので、西洋料理のフルコースのように品数が多い。

その和食フルコースの大まかな流れを見ていくと、まずは前菜（先付け）↓吸い物↓刺身↓焼き物（魚介類を焼いたもの）↓揚げ物（てんぷらなど）↓蒸し物（茶碗蒸しなど）↓酢の物↓煮物↓ごはん・止め椀・香の物↓果物、そしてしめはお茶とお菓子というのが一般的。お店によって多少順番は変わるが、いずれにしても、淡白な味と濃い味を織り交ぜながら、できるだけおいしく食べるための工夫が施されている。つまり、味覚が喜ぶ順番というわけだ。

お弁当の場合、順番を厳守する必要はないが、前菜や刺身からはじめ、次は焼き物、そして揚げ物……という具合に箸を進めていけば、よりおいしく食べられるだろう。ごはんは、おかずと交互にバランスよく食べること。これは、お弁当にかぎらず、食事のとき常に心がけたい食べ方の基本ルールだ。

中国料理で手に持っていい器、いけない器

世界の多くの国々では、器を置いて食事をするのが常識。そのため、ほとんどの器を持って食べる日本人は世界の料理を食べるときに戸惑う。

たとえば、中国料理。料理を箸で食べるのは中国も日本も同じだが、器の扱い方となると正反対。中国料理は、一般に大皿から小皿に料理を取り分けて食べるが、

小皿はテーブルに置いたまま箸を使って料理を口に運ぶ。また、日本ではみそ汁を飲むとき椀に直接口をつけて飲むが、これは日本独特のめずらしい風習。中国ではスープの小皿も持ち上げず、チリレンゲ（つまり陶製のスプーン）を使って汁を飲んだり具を食べたりする。

あえて、中国料理で手に持っていい食器をあげると、箸、レンゲ、ごはん茶碗の三つだけ。そのため日本人が中国料理を食べると、知らないうちにマナー違反になりやすい。あたりまえのように小皿を手に持って食べたり、スープの器に直接口をつけたり……。失敗をなくすには、「手に持ってもいい3点」を頭に入れておくのが早道だろう。

もしも料理の汁がこぼれそうになったら？　そのときは小皿を持ち上げるのではなく、1度レンゲに入れてから食べれば汁をポタポタこぼすこともない。

チリレンゲを持つときは、指使いに注意する

中国料理でおなじみの「チリレンゲ」は、文字通り蓮華の花に由来し、散った蓮

（ハス）の花びらに似ていることから、この名がついたとか。
では、チリレンゲの正しい持ち方は？　改めて聞かれると、「あれっ!?」と戸惑う人は少なくないだろう。ついやってしまいがちだが、洋食を食べるスプーンのように持つのは間違い。正式には、柄のくぼみに人差し指を当て、親指と中指ではさんで持つ。スープを飲むときは、手前からすくい、口の前でチリレンゲをタテにして入れる。あまり口の中に入れすぎないほうが上品な印象になる。

小籠包のスープをこぼさず食べる裏ワザ

点心の代表的メニューの一つ「小籠包」は、何といってもアツアツがおいしい。ひき肉の具を小麦粉の薄い皮で包んで蒸して作るが、具そのものにスープが含まれているため、蒸したてを食べると、熱いスープが口の中にわっと広がる。そのジューシーさがおいしさの秘密だ。

ただし、アツアツなので、うっかりすると口の中が火事になってしまうおそれがある。猫舌気味の人にはちょっとつらいが、レンゲがあればこの問題も解消できる。

正しい食べ方は、箸でつまんだ小籠包を左手に持ったレンゲにのせ、細かく刻んだしょうがや調味料を加えてからレンゲごと口に運ぶというもの。せいろから直接取って食べるのではなく、いったんレンゲにのせるのがポイントだ。直径3㎝程度なので一口でいけるが、舌を火傷しないために、ここでひと工夫。レンゲにのせたら箸で皮に穴を開け、中のスープを出してちょっと冷ましてから食べる。

小皿として、スプーンとして、レンゲを上手に使いこなせば、中のスープを無駄にすることもないし、スープで火傷することもないのだ。

北京ダックの巻き方にはコツがある！

「北京ダック」も、中国料理の代表的メニューの一つ。ご存知のように、薄く焼いたクレープのような小麦粉の皮（バオビン）に、パリパリのダックの皮を包んで食べるものだ。皮と一緒にねぎやきゅうりの千切り、そして甘みそ（テンメンジャン）が運ばれてくるが、これをどう食べるか？

北京や香港のダック専門店に行くと、まずは店員さんが見本を示してくれる。

順序は次の通りだ。皿の上に皮を広げる。そこに甘みそのタレをつけたダックの皮とネギやきゅうりの千切りをのせるが、のせる位置は皮の中央よりやや上。ここが大切なところで、ちょっと上に置くと、具が包みやすくなるのだ。具をのせたら、まず左端、次に下側、最後に右側の順で皮を折りたたみ、手で持って口に運ぶ。その際、折った側を下にしてタテに持ち、上から食べていけば具がはみ出しにくくなる。

一口では無理なので、数回に分けてよく噛み締めながら食べよう。

日本ではほとんどの店でダックの皮だけを出すが、本場では、身は炒め物に、骨はスープにと残らず調理するのが普通である。

レンゲ使いで差がつく、ラーメンの正しい食べ方

ラーメンのルーツが中国にあることは間違いないが、日本での起源となると諸説ある。その一つが、江戸時代に明から亡命してきた儒学者が、徳川光圀公（水戸黄門）に献上した中国の汁麺が最初とする説だ。

その真偽はさておき、日本に上陸した中華麺は、その後しょうゆやみそなど日本

流の味つけと共に広まり、すっかり国民食となった。そのラーメンの食べ方に堅苦しいルールを求めるのは野暮というものだろう。

丼に顔を突っ込むようにして、アツアツのうちにチュルチュルいわせながら食べる。スープも丼ごといただくほうがおいしく感じられる。周囲を不快にさせないという最低限のルールさえ守れば、好きなように食べても誰も文句は言わないはずだ。

ただし、レストランで中華麺を食べるときは、ルーツ国である中国流の食べ方に倣うといい。といっても、西洋料理のような厳しいマナーはないが、中国では音を立てて麺をすするという習慣はない。利き手と反対の手でレンゲを持ち、これに利き手の箸で取った麺を受けて食べるというのが基本。1度に取る麺の量は少なめにして、静かに食べる。汁だけ飲むときはレンゲを利き手に持ち替えるのもルールだ。

スープカレーは、どうやって食べればいい？

スープは「食べる」ものか、「飲む」ものか？

本場ヨーロッパでも、国や人によって解釈に違いがあるようだが、「スープというのはもともとパンに浸して食べるもの」、「英語ではカップで飲む場合を除いては、〝DRINK SOUP〟ではなく〝EAT SOUP〟という表現法を用いる」ということからすると、「スープは食べるもの」の説が有力のようだ。

では、昨今人気のスープカレーはどうやって食べればいいのか？

スープカレーの特徴といえば、スパイシーなさらさらスープに大ぶりの具材が入っていること。スープとライスは別々に出される。

正式な食べ方というのはないが、スタンダードなのは、ひと口分のライスをスプーンですくい、スープにひたして食べる方法。他に、スープとライスを交互に食べたり、普通のカレーライスのようにスープをライスにかけたり、逆にスープの中にライスを入れたりもする。もちろん、これらの食べ方を組み合わせて楽しむのもOK。いちばんおいしく食べられる方法を各々工夫してみるといい。

スープパスタのスープの飲み方は？

では、スープパスタを食べるときは、どうすればいいかというと、パスタとスープは別々に口に運ぶのが○。

まず利き手でフォークを持ってパスタを巻いて食べる。スープを飲むときは、利き手にスプーンを持ち替えて口に運ぶ。ここ、大事なところだ。

利き手にフォーク、反対の手にスプーンを持ったまま食べればラクそうだが、これは決してきれいないただき方とは言えない。多少めんどうでも、フォークとスプーンは交互に持ち替えながら食べること。

四角いケーキは左から、丸いケーキは手前から食べる

ケーキは基本的にフォークですくって食べるが、まず最初にどこにフォークを入れるかは、ケーキの形による。たとえば、三角形のケーキならとがった方から、四角いケーキなら左からフォークを入れるとエレガントな印象になる。

では、丸い形のケーキは？　「手前から」フォークを入れるのが正解。

ところで、ケーキのデコレーションは繊細なので、残り少なくなると形がくずれたり、倒れそうになることもある。その場合は無理せず、倒して食べてかまわない。

常に、きれいに食べられる方を選択していけば間違いない。

トッピングいっぱいのパンケーキを美しく食べるには？

今、大人気のパンケーキ。専門店は行列ができるほどで、メニューの中にはパンケーキを何枚も重ねたり、ホイップクリームやフルーツを山盛りにした華やかなものも。いかにも食べにくそうだが、トッピングにボリュームのあるパンケーキは、どんな順番で食べ進めればいいのか？

この場合、もう一枚の別の皿があると食べやすくなる。まず、トッピングがのったいちばん上のパンケーキを別皿に移す。そこからトッピングを少しずつ取って、下の段のパンケーキにのせ、ナイフとフォークで一口ずつ切りながら一緒に口に運ぶ。この方法なら、お皿をあまり汚さず、きれいに食べられる。

7

緊急時に備える

Using this book,You Can
Understand All the Respected
Tricks of Cuisine!

いざというときは、この知識で、身を守ろう！

地震、台風、豪雨、世界的な気候変動による深刻な影響など、災害が増加傾向にある昨今。

首都圏直下型のような大規模災害が発生すれば、一瞬にして電気、ガス、水道などのライフラインが止まり、多くの人がスーパーやコンビニに殺到。陳列棚の食料や水はたちまちからっぽになる事態が想定される。

そんなときこそ必要なのが自助。いざというとき身を守るには、備蓄するだけでは十分ではない。普段から備蓄品をまめに点検し、使い慣れておくこと、そして、防災レシピを身に付けて緊急時も自力で食べつなぐ準備をしておくことが大切だ。

ここでは、どんな状況でも生き抜くことができるための食の備蓄から調理、食べ方、片付け方まで、順を追ってみていこう。

いざというとき1

自力で食べつなぐための準備

災害が起こってから慌てても間に合わない。今から災害発生時に必要な水や食料、食べるために必要なモノを正しく選び、備えておきたい。

そもそも、必要な食料と水の量ってどれくらい？

今、お宅にはどれくらいの水や食料が備蓄されているだろうか。

「とりあえず三日分くらい」という方は、見直しが必要。以前は、水や食料の備蓄は目安として3日分が勧められていたが、現在は大規模災害に備えて「7日分以上」が望ましいとされている。実際、過去の大震災では、避難所で配給が始まるまで3日程度、自宅避難者への配給はそれより遅く6日程度かかっている。となると、しばらくは身の回りにあるもので食べていかなければならない。

食料：家族の人数×7日分
水：一日一人3ℓ×7日分＝21ℓ
＊2ℓのペットボトル10本が目安。飲料水のみ。

この分量を頭に入れて準備しておこう。4人家族なら水は2ℓのボトル40本が目安で、かなりの量になるが、人の体は成人で体重の50〜60％が水で出来ていることをお忘れなく。水分不足になると、それこそ生命の危機。何はさておき水のストックは第一で、さらに十分な食料の備えがあれば、命をつなぐことができる。

ライフライン復旧までの日数の目安は？

ライフライン機能が回復するまでの日数は、災害状況次第だが、一般に復旧が早い順に「電気↓水道↓ガス」とされている。

おおよその目安は、いちばん早い電気が7日、水道が30日、ガスはもっと遅く60

日程度。内閣府による首都圏直下地震などの東京の被害想定では、各ライフラインの復旧目標日数は「電気6日、上水道30日、ガス（都市ガス）55日」で、災害時の不自由な状況下では、より長く感じられる。支援物資が届くまで持ちこたえるために、「備えあれば憂いなし」を肝に銘じておきたい。

備蓄品の「うっかり期限切れ」を防ぐ、備え方、食べ方のワザ

災害発生！……ところが、いざ備蓄品を取り出してみたら、「まさかの賞味期限切れ！　使い方がわからない！　水も食料も全然足りない！　おいしくない！しまい場所がわからない、取り出せない！」……そんな残念なことにならないよう、備蓄品のしまいっぱなしには十分注意を。

普段から見える場所に置き、使って試すこと、意識を向けることで「役立つ備蓄品」になる。「防災は日常」くらいの発想でいることが大事。まずここで、よくある「うっかり期限切れ」の回避策をチェックしておこう。

■「ローリングストック」で保存食の新陳代謝をはかる

今、新しい食品備蓄法として注目の「ローリングストック」は「トコロテン保存」「回転食」とも呼ばれ、普段食べている食品を少し多めに買い置きし、古いものから順に消費しながら、減った分を買い足していくやり方。

「備える→食べる→買い足す」これを繰り返すことで、常に一定量の食品を備蓄できる仕組みである。災害時用の「非常食（防災食）」は、保存期間が3～5年と長めだが、実はこれこそが「うっかり」の原因。「まだまだ大丈夫」と忘れていると期限切れになりやすい。

ローリングストックなら賞味期限の目安を半年～2年程度と短めに設定でき、普段食べている缶詰や乾物、レトルト食品などから選べる。食品の選択肢が広がると、いざというときの調理の幅も広がり、満足できる食事につながるはず。

■収納は〝トコロテン方式〟で

引き出しや棚、収納庫など、どこに保存するにしても、新しく買ったものは奥へ奥へと入れていけば、〝トコロテン方式〟で古い物が手前に押し出され、スムーズに回転。他にも棚の左や右、上や下など古い分の置き場所を家族で決めておけば使いやすくなる。

■「長期保存食＋ローリングストック」ダブルでやれば手堅い

3～5年ほど長期保存できる防災食を備蓄したうえで、ローリングストックも行えば、防災意識も高まり、賞味期限切れの「うっかり」もなくせる。

水を例にとれば、近年は「5年、7年、10年」などかなり長期保存できるものが出ている。これらをまず備蓄し、賞味期限2年程度の一般のペットボトルをローリングストックで使いながら足していけば安心、確実。

■カセットコンロとボンベの使用期限も、定期的にチェック！

カセットコンロとボンベは必ずセットで備えることで熱源が確保できる。ストックする本数の目安は、ガスボンベ1本の使用時間が約60～90分程度で、農林水産省の災害時のガイドでは、一人一週間あたり約6本の備蓄が必要とされる。家族の人数にもよるが、少し多めに15～18本程度あれば安心できる。

使用期限のチェックもお忘れなく。ガスボンベは製造日から約7年、コンロは約10年が交換の目安。食品と比べて長期間使えるからこそ油断大敵。無駄なく安全に使い切るには、やはりローリングストック方式で「備える↓使う↓買い足す」で新陳代謝をはかったり、季節ごとに使いきって買い足すなど、ルールを決めておくとよい。

■賞味期限の「見える化」は効果てきめん

保存期間や賞味期限は缶の底やパッケージの隅の方に記されているので、見づらく感じる人もいるだろう。これも「うっかり期限切れ」の一因。すぐできる対策は、「見える化」すること。油性ペンなどで賞味期限を大きな文字で書く、またはフセンや布テープなどに書いて貼るなど、視界に入りやすくする工夫を。

■防災食は一箇所にまとめず、分散保存が〇

被災してモノが取り出せなくなることも想定し、備蓄品の収納は数カ所に分けるのがおすすめ。キッチンの引き出し、床下収納、整理棚など、すぐ取り出せ、

目に入りやすい2〜3カ所に分散させるのがコツ。いざというとき「どこに入れたっけ？」にならないよう、家族全員で情報を共有しておこう。

■「なじみの味」「好きな味」で代謝力アップ！

ローリングストックの効果を高めるうえで、もう一つ大事なのが「味」。食べたくなるものを備蓄するほど、「備える→食べる→買い足す」の回転がスムーズになる。

食べたくなるのは、やはり「好きな味」や「なじみの味」。缶詰でもレトルト食品でも、好きな味でおなかが満たされれば、災害時のストレスや不安も緩和される。

■休日の「防災ランチピクニック」で試食を楽しむ

味がわからないと話は前に進まない。好きな味を備蓄品として厳選するには、まず繰り返し食べてみる、食べ比べる、それを定期的に楽しむこと。たとえば、週末に、備蓄した食品を持って公園でランチをする、定期的に、防災おかずデー、レトルトパーティなど企画して試食する……など、アイデア次第で、防災食は家族や仲間とのコミュニケーションにも活かせる。試しながら「リピート決定」の好きな味を増やし、次の買い足しに役立てたい。

水も電気も調理器具も使えない……でも、コレなら使える！

ライフラインが止まれば、避難生活は免れても不自由な自宅避難生活に一転。キッチンにモノが散乱したり、破損して使えない、調理器具や食器が洗えない。そんなときは、以下を参考に。代用できるモノをうまく利用して乗り切る発想が大事になる。

■軽量スプーンの代わりに↓「ペットボトルのフタ」で量る
ペットボトルのキャップを使えば、「大さじ」「小さじ」がざっくり量れる。
大さじ1（15㎖）＝ペットボトルのフタ3杯分
小さじ1（5㎖）＝ペットボトルのフタ1杯分

小さじ½（2・5㎖）＝ペットボトルのフタ半分
商品ごとに多少の差はあっても、これを目安にすれば大丈夫。

■まな板の代わりに↓「クッキングシート」や「紙皿」を使い捨て
クッキングシートや紙皿を敷いて食材を切り、使ったシートは捨てる。これで節水しながら衛生的に調理できる。他に、開いた牛乳パックなども代用可能。

■包丁の代わりに↓「キッチンばさみ」や「ピーラー」で空中カット
ハサミやピーラーで食材をカットし、そのまま鍋やフライパンに入れれば、まな板と包丁は不要で、節水もできる。

■布巾の代わりに↓「ウエットティッシュ」や「新聞紙」で拭く
ウエットティッシュは多めにストックしておくと応用が利き、布巾代わりにも使える。新聞紙も汚れの拭き取りの他、調理した鍋をくるむなどすれば保温にも役立つ。

「備蓄してて本当によかった！」と思える食べ物は？

数ある防災食の中でも、いざというとき「あってよかった」と思えるものは？以下のリストを参考に、足りない備蓄品は補っておこう。

■火を使わない「アルファ化米」は頼れる

お米を炊飯後に急速乾燥させた「アルファ化米」は長期保存でき、水やお湯でもどせばすぐ食べられる手軽さが魅力。もどす時間は水だと60分、お湯だと15分程度。

食べるまでの手順は、①中に入っているスプーンや脱酸素剤を取り出す→②水かお湯を袋の内側の線まで注ぐ→③スプーンでよく混ぜてから袋を閉じ、やわらかくなるまで待つ→④袋を開け、全体をよくほぐせば出来上がり。

アルファ化米は年々進化し、白米の他、赤飯、五目ごはん、山菜おこわ、おかゆなど味の種類も豊富。しかも、ジュースやお茶でもどしたり、カレー粉などの

調味料で味つけしてもおいしく食べられる。たとえば、
野菜ジュースで五目ごはんなどをもどせば↓アルファ化米のチキンライス風
トマトジュースでもどせば↓アルファ化米のトマト風味
のようにアレンジできる。他にも「オレンジジュースを混ぜたらどんな味？りんごジュースは？　麦茶は？」「ごはんにこの缶詰を乗せたらおいしいかも？」など、自分のアイデアで食材を組み合わせ、新しい味を開発することも可能。相性のいい組み合わせが発見できたらうれしい。注意点は、野菜ジュースのように濃度があるものはもどす時間が少し長めになること。水なら60分程度を目安に。

主食では、「もち粉」もおすすめ。水を入れてこねるだけでおもちになり、そのままでも、あんこやきな粉をかけてもおいしく食べられ、熱源がないとき大助かり。

■開けてすぐ食べられる「手間なしの防災食」が震災直後を救う

震災直後に重宝するのは、やはりアルファ化米のように調理の手間がなくさっと食べられるもの。開けてすぐ最短で食べられる乾パンやパンの缶詰など、長期

保存用の「防災食」はやはり備えておきたい。最近は缶のまま食べられる茶碗蒸しやたくあんなど、防災食のバリエーションも豊富なので、要チェック。

さらに、缶詰やびんづめ、レトルト食品（おかゆ、スープ、カレーなど）、フリーズドライ食品（野菜、スープなど）のように、常温で長持ちする「保存食」も、開けてすぐか水やお湯を加えたり温める程度で食べられるので、ローリングストックに欠かせない。

食べる順番として、初めのうちはいちばん手軽な防災食でしのぎ、ある程度余裕ができたらローリングストックと併せて、食べ方と味に変化をつけるといい。

■栄養豊富な「乾物」はストレスからくる便秘にも効果

伝統的な和食に欠かせない乾物は、もどす必要があるから、災害時には向かない？　いえ、その心配は無用。乾燥させると栄養価が高くなるものが多く、しかも少量の水でもどせるので、災害時こそ乾物を積極的に使うのがおすすめ。

中でも、切り干し大根やひじきは食物繊維が豊富で、ストレスや生活の変化で起こりやすい便秘対策にもいい食品。他にも、高野豆腐は貴重なたんぱく源になり、干しシイタケや昆布は偏りやすい栄養バランスの調整に適しているので、備蓄リストに加えておきたい。

■「ツナ缶、サバ缶、大豆の水煮」で、たんぱく源をキープ

災害時に支給される食べ物は、おにぎりやサンドイッチなどの炭水化物系が多く、自宅にいても栄養が偏りがち。缶詰や乾物をうまく活用してたんぱく質も補いたい。缶詰なら、サバ缶、ツナ缶、いわし缶などの魚系、やきとりやコンビーフなどの肉系、大豆の水煮やミックスビーンズなどの豆系が貴重なたんぱく源に。

■「じゃがいも、玉ねぎ……」買い置きできる野菜は常備する

買い置きに適した野菜といえば、まずじゃがいもなどの根菜類と玉ねぎ。これらは常備野菜の定番で、比較的長く保存できる。ニンジンも常温保存ができ、カボチャはカットせず丸ごと置いておくと日持ちし、冬場なら、白菜や長ネギなども新聞紙にくるんで外に置くと、鮮度を保てる。季節に応じた野菜ストックがいざというときの食を守ってくれる。

「いざというときのキャンプめし」の発想なら一挙両得

電気もガスも使えないキャンプ場の環境は、ライフラインが止まった状態と同じ。そこで、アウトドアの食のワザは災害時に大いに活かせる。たとえば、注目のキャンプグッズ「メスティン」は、ハンドルがついた箱型の飯盒《はんごう》で、熱伝導性のよいアルミ製。これを直接火にかけてごはんをたく他、食材を焼く、蒸す、煮るなど応用が利くので、使い慣れたキャンパーならメスティン使用のレシピが災害時に役立つはず。

一方、キャンプ中は調理はせず、時短でおいしく食べることを優先する人も、「賞味期限が迫った非常食をキャンプ食として使う」「アウトドアブランド発のキャンプ用食品を非常食に活かす」など、両方をうまく使いまわせば無駄がない。最近はリゾットやパスタなどアウトドアブランド発のキャンプ食も充実。味のクオリティが高く、賞味期限5年超のものもあり、防災食としても見逃せない。ごちそう感覚で、一つずつ試食してみるのもいい。

いざというとき2

時短でおいしく、防災クッキング

備えができたら、次は「安全に、おいしく食べる」練習。水や電気に頼らずできる防災レシピを、普段の食生活の中でどんどん試し、腕を上げておこう。

もっとも、緊急時は、材料の分量や時間を詳細に量る余裕はないかもしれない。各レシピに目安を記しているので、ざっくり頭に入れ、試しながら、より作りやすく、食べやすくアレンジしたい。

これは使える！　最強の災害食ツール「ポリ袋」の底力

節水や節電しながらおいしく作るための必需品が、ポリ袋。防災レシピの主役級で、これ一枚あると災害時の料理のバリエーションが格段に広がる。

以下、ポリ袋調理のメリットをざっと挙げると、

①調理が簡単。ポリ袋に材料を入れて「温める」か「混ぜる」だけ
②災害時こそ食べたくなる「温かいごはんとおかず」が作れる
③少量の水で調理でき、洗い物も出ないので節水できる
④鍋も手も汚さず衛生的で、後片付けもラク
⑤鍋の水が汚れず、繰り返し使える
⑥一つの鍋で複数のおかずや、ごはんとおかずが同時に作れる
……など、メリットいろいろ。基本を覚えれば応用が利くので、さっそく実践。

「お湯ポチャ」で作る節水レシピ――ポリ袋でチャレンジ①

温かい料理を食べれば体も心もあたたまり、ほっとするという人も多いだろう。

そこで、まずはポリ袋で「温める」レシピにトライ。

ざっくりの手順は、①ポリ袋に材料を入れる、②袋の中の空気を抜き、水を張った鍋に投入、③カセットコンロで加熱というシンプルさ。

「お湯ポチャ」「パッククッキング」などの言葉でも知られるこの調理法は、炊飯

をはじめ、おかずやみそ汁づくりまで万能。必要なものは「①ポリ袋　②鍋　③カセットコンロとボンベ　④ポリ袋を置く皿」の4つ。

注意点として、ポリ袋は熱に強い「高密度ポリエチレン製」を使用すること。半透明でパッケージに「湯せんＯＫ」「熱湯ＯＫ」などと記されたものが適している。耐熱性のない普通のポリ袋だと、熱で袋が溶けてしまうリスクがあるので注意。

まずは基本の「白ごはん」と「おかゆ」をお湯ポチャで

では、さっそく「お湯ポチャ」でごはんを炊いてみよう。

■白ごはんをお湯ポチャで

〈準備〉

①ポリ袋（高密度ポリエチレン製）に米と水を入れる。

＊材料（1人分）の目安は、米（無洗米）80g（$\frac{1}{2}$カップ）、水 100㎖（$\frac{1}{2}$カップ）。水分量は好みに応じて調節する。

＊緊急時なので、無洗米でなくても普通の米を洗わずに使ってもOK。（以下同）
②ポリ袋の空気を抜きながらくるくるとねじり上げ、上の方で結ぶ。
＊加熱時は袋が膨張するので、袋の口をしっかり結んで。
＊加熱前に15〜30分程浸水させるとおいしく炊ける。
＊1膳か2膳分ずつ小分けにするとムラなく炊ける。

〈次に加熱〉
③鍋底に皿を敷いて、$\frac{1}{3}$〜半分量の水を入れ、皿の上にポリ袋を置く。
＊鍋に直接ポリ袋を入れると熱で破れるリスクがある。
④フタをして強火で温め、沸騰したら火を弱めて中火〜弱火で約20分加熱。
＊沸騰後にポリ袋を入れると湯がはねて火傷する危険があるので、先に入れてから火をつける。
⑤火を止め、フタをしたまま10分程おいて蒸らせば出来上がり。
⑥ポリ袋を引き上げ、固くなった結び目はハサミでカットすると取り出しやすい。

＊使った水は再利用できる。
＊中身を容器に移し替えるか、ポリ袋をそのまま器にかぶせて食べれば節水できる。

■おかゆは分量を変えるだけ
体調をくずした人やお年寄りが食べられるよう、おかゆの作り方も覚えておきたい。米と水の量を変えるだけで、他のプロセスは白ごはんと同じ。
おかゆの分量の目安は、だいたい次のとおり。
　全がゆ　米1：水5／米（無洗米）40g（1/4カップ）、水200ml（1カップ）
七分がゆ　米1：水7／米（無洗米）30g（1/5カップ）、水200ml（1カップ）
五分がゆ　米1：水10／米（無洗米）20g（1/8カップ）、水200ml（1カップ）
三分がゆ　米1：水20／米（無洗米）10g（大さじ1弱）、水200ml（1カップ）

■電気ポットでも、ごはんが炊ける
電気が使えるなら、電気ポットでもお湯ポチャができ、カセットコンロの使い過ぎにも対策できる。手順は基本的に鍋でお湯ポチャするときと同じで、ごはんやおかゆも作れる。

電気ポットの$\frac{1}{3}$程度まで水を入れて沸かし、沸騰後に米と水を入れたポリ袋を投入。20分程たったら取り出し10分程蒸らせば出来上がり。

たくさん入れすぎると吹きこぼれの原因になってしまうので、安全面には十分注意。

■「炊きたてごはん＋α」でもっとおいしく

あきがこないよう、炊き上がったごはんに、漬物、梅干し、ふりかけなどを足して変化をつけることもできる。

・適量の塩昆布を混ぜて↓塩昆布ごはん
・鮭フレークをのせて↓鮭ごはん
・桜えびをふりかけて↓桜えびのカリカリごはん

など、その時あるストックを工夫すると、ボリュームも出ておなかも満足。調味料も工夫して、好みの味に仕上げよう。

■お湯ポチャで「みそ汁」を作る

フリーズドライのみそ汁は緊急時に重宝するが、「手作りの味」が恋しくなったら、お湯ポチャでみそ汁も作れる。以下の手順で。

①ポリ袋（高密度ポリエチレン製）にすべての材料を入れてよく混ぜる。

＊材料1人分の目安は、好みの具材、みそ適量、お椀1杯分の水、和風だし。

＊具材はネギなどの野菜、油揚げ、乾燥わかめなど、あるものを使って。

②空気を抜きながらポリ袋をねじり上げ、上の方で結ぶ。

③鍋の底に皿を敷いて1/3～半分量の水を入れ、ポリ袋を投入。

④フタをして火にかけ、沸騰したら弱めの中火にして約5分加熱。

⑤器に移して食べるか、ポリ袋ごと器にかぶせて「いただきます」。

■おかずとごはんを一緒に温め「カンタン親子丼」

温かい「丼もの」が食べたくなったら、コレ。

①ポリ袋（高密度ポリエチレン製）に卵を割り入れ、焼き鳥を缶汁ごと入れて

まぜる。
＊材料（1人分）の目安は、焼き鳥缶1缶、卵1個。
②空気を抜きながら袋をねじり上げ、上の方で結ぶ。
③鍋底に皿を敷いて、$\frac{1}{3}$～半分量の水を入れ、皿の上にポリ袋を置く。
④フタをして強火にかけ、沸騰したら中火で約5分。
⑤火を止め、そのまま5分置けば親子丼の具が完成。
＊丼ものを作る場合、具と同時進行でポリ袋に入れたごはんをお湯ポチャする（前項P341参照）か、パックのごはんを温めればOK。
⑥出来たおかずをごはんの上に乗せれば、即席親子丼が完成！

■オムレツもこの要領で
ポリ袋の中に卵を割り入れ、マヨネーズとコショウなどを加えてお湯ポチャすれば、焼かずに「オムレツ」もできる。

冷蔵庫に卵が多めに残っていたら、傷んでしまう前に食べる工夫を。

……ご紹介した通り、お湯ポチャ調理の基本は同じなので、加熱時間を工夫しながら食べたいおかずに挑戦しよう。野菜のストックがたくさんあれば、「具沢山野菜スープ」、常備野菜とカレールーと水があれば、「カレーライス」もできる。注意点として、具材は小さめにカットしたほうが熱の伝わりがよくなる。また、ポリ袋の厚さが均等になるように具材を入れるのもコツ。

「まぜてもむだけレシピ」を覚えておこう――ポリ袋でチャレンジ②

「お湯ポチャ」と共に、緊急時を救うもう一つのポリ袋調理の裏ワザが「まぜる」。すべての材料を入れてよくまぜるだけで出来、「即食レシピ」「ハイスピード・クッキング」とも言われるシンプルさが何といっても魅力。特に災害発生直後は火も水も包丁も使わないハイスピードのレシピは大助かり。しかも、缶詰、レトルト食品、びん詰めなど材料の工夫で、味もボリュームも満足のごちそうが作れる。ここでは使いやすいツナ缶、サバ缶、焼き鳥缶をベースにしたお試しレシピを少しだけご紹介。時間がないとき、疲れているときの時短レシピにもおすすめ。

■ツナ缶×切り干し大根×マヨネーズをまぜて↓栄養満点のツナマヨ和え
【POINT　乾物は缶詰の汁でもどせる】
切り干し大根を「もどす手間」は考えなくて大丈夫。水を使わなくてもツナの缶汁でもどせる。これは朗報。定番人気の「ツナマヨ」味ならもりもり食べられる。
＊材料（2人分）の目安は、ツナ缶1缶、切り干し大根30g、マヨネーズ大さじ1。
ポリ袋にツナ缶を汁ごと入れ、その他の材料もすべて入れてよくもみ込めば完成。
ポリ袋のまま器にかけて食べ、そのまま捨てれば洗い物も出ない（以下同）。
好みで、おろししょうが、白ごま、青のりなどをプラスすると味に深みが出る。
＊材料を入れるとき、ボウルなどにポリ袋をセットするとラク（以下同）。
■ツナ缶×ミックスビーンズ×ケチャップをまぜて↓ツナとお豆のナポリタン風
【POINT　あるものを掛け合わせ、味のマジックを楽しむ】

＊材料（2人分）の目安は、ツナ缶1缶、ミックスビーンズのドライパック1缶かレトルトパウチ1袋（ひよこ豆など豆系なら基本OK）、ケチャップ大さじ1程度。

材料をポリ袋にすべて入れてよく混ぜれば完成。味は、お子様の好きなナポリタン風に。追加でプラスするならホールコーンなどもおすすめ。

■鶏ささみ缶×切り干し大根×トマトジュースをまぜて↓和の素材をイタリアン風に

【POINT　切り干し大根をジュースでもどす裏ワザ】

これもすべての材料をポリ袋の中でまぜるだけ。切り干し大根などの乾物は、缶汁の他、ジュースと合わせてもどすこともでき、トマトジュースならイタリアン風の味に。ジュースは$\frac{1}{2}$カップ程度から味を見ながら少しずつ足していこう。

＊材料（2人分）の目安は、鶏ささみ缶1缶、切り干し大根30g、トマトジュース$\frac{1}{2}$カップ。

■焼きとり缶×カシューナッツ×マヨネーズをまぜて↓香ばしい食感のマヨ和え

【POINT　ナッツの参加で見た目も味も華やかに】
＊材料（2人分）の目安は、焼きとり缶1缶、カシューナッツ適量、マヨネーズ小さじ1。
ポリ袋に焼き鳥を缶汁ごと、その他の材料もすべて入れてよく混ぜれば完成。アーモンド、ピーナッツ、クルミなどを加えてもおいしい。

■「サバ缶×カットわかめをまぜて↓サバとわかめの和風おかず
【POINT　カットわかめはポリ袋調理を引き立てる優秀食材】
＊材料（2人分）の目安は、サバ味付け缶1缶、カットわかめ大さじ1。
ポリ袋にサバ味付け缶を缶汁ごと、他の材料もすべて入れて混ぜる。わかめは缶汁でもどせる。白ごま、おかか、コーン缶などともよく合い、サバ缶以外の魚缶でもおいしく作れる。コーン缶とわかめだけの和え物もおすすめ。

いざというときは、家にある材料を無駄なく、最大限に使う工夫を。

肉系が欲しいときはコンビーフ缶も役立つ。ケチャップ、マヨネーズ、しょうゆ、ポン酢、めんつゆなど、調味料も工夫して、自分だけの味に挑戦しよう。

この1品で救われる、ほっこり「デザート」――ポリ袋でチャレンジ③

ポリ袋で、デザートも手作りできる。ほどよい甘味が疲れた体と心を癒し、お子様もにっこり。簡単な和のおやつをご紹介。

■お湯ポチャで「ようかん」

①ポリ袋（高密度ポリエチレン製）に材料をすべて入れて空気を抜き、上の方で結ぶ。

＊材料（1人分）の目安は、ゆであずき1缶、砂糖（あればてんさい糖）50g、水$\frac{3}{4}$カップ、粉寒天1袋。

②火にかけ、沸騰したら少し火を弱める。

③沸騰後15分程度で取り出し、袋ごと型に入れて固めれば出来上がり。

＊粉寒天を使えば室温で固まる。菓子箱などもバットがわりに使える。

■お湯ポチャで「きな粉もち」
①ポリ袋（高密度ポリエチレン製）に材料をすべて入れて空気を抜き、上の方で結ぶ。
＊材料（1人分）の目安は、もち1個、水$\frac{1}{2}$カップ、きな粉大さじ1、砂糖（あればてんさい糖）適量。
②火にかけ、沸騰したら少し火を弱める。
③沸騰後10分程度で取り出し、お湯は取り除く。
④もちを取り出して器に盛り、好みできな粉、砂糖、黒みつなどをかけて「いただきます」。

まだある、緊急時の裏ワザいろいろ

■省エネ・節水しながら「麺をゆでる」
主食になる乾麺は、普段からよく使うので、多めにストックしておきたい。以下、麺をゆでるときの裏ワザで、火力や水量を節約できる。

①パスタは「早ゆでタイプ」を使い、時短でゆでる
②パスタなどの長い麺は半分にカットしてからゆでる
③小さい鍋で最小限の水でゆでる
④ひたひたの熱湯で1分ゆでたら火を止め、フタをして余熱でじっくり火を通す
⑤つゆ（汁）と一緒にゆでる、煮込むなどで、節水
⑥昆布や干ししいたけ他、だしの出る乾物と麺を一緒にゆで、具入りの麺として食べる

これらのワザは、ビーフン、うどん、そうめんなど、ほとんどの乾麺に応用できる。

いざというとき3

おなかをこわさず食べる知恵

災害時は、医薬品の入手や医療機関の受診もしづらくなるので、「安全に食べる」ことは第一。避難所や車中で過ごす場合はもちろん、自宅に留まって調理するときも、以下の予防策を徹底しよう。

災害時の食中毒だけは、何としても避けたい

■予防策1：素手で食材に触れない

ポリ袋、ラップ、使い捨て手袋などを利用し、食材を直接手で持たないこと。前述のポリ袋調理は、食中毒対策としても一押し。食材をカットするときは、キッチンばさみやピーラーを使えば衛生的（P333参照）。小ぶりのキッチングッズは少量のお湯で消毒でき、洗い物が減らせるメリットも。

■予防策2：調理したら、早めに食べる

時間がたつと細菌が増殖しやすいので、目安として2時間以内には食べ切るようにしたい。夏場は特に注意。

■予防策3：古い食材は、潔く捨てる

電気が止まれば、冷蔵庫内の食品はみるみる鮮度が落ちるので、「ちょっとあやしいかな」という食品や時間がたった食べ残しは処分するのが賢明。

停電なら、冷蔵庫内の引っ越しを急いで！

停電が発生したら、冷蔵庫内の食べ物チェックを。電気が止まると冷蔵庫内は次第に温度が上がり、要冷蔵の食品は傷んでしまう。食中毒のリスクを下げるには、傷みやすいものから順に食べること。無駄を出さないコツを覚えておこう。

■いちばん傷みやすい肉や魚は冷蔵庫から冷凍庫にすぐ移動

停電しても冷凍庫はしばらく冷えているので、冷蔵庫内にあった生鮮食品は冷凍庫に移しておくと安心。余裕があれば、炒めるなどして早めに食べてしまう。

■冷凍おかずも早めに食べきる

冷凍庫内のおかずは、解凍されたらすぐ食べ、調理が必要ならできる方法で早めに食べきること。保冷バッグに移したり、新聞紙にくるむなどすれば解凍速度を遅らせることができる。

■やわらかい葉物野菜を優先して食べる

ストックしていた野菜も傷みやすい物から先に食べていく。

■すべての氷はポリ袋の中へ

氷はポリ袋に入れると保冷剤代わりになり、溶けたら水として使えるのでお湯ポチャ調理にも利用できる。

いざというとき4

水を節約する、片付けの裏ワザ

洗い物を減らす3つのポイント

災害時は「水」がとにかく貴重。普段は、料理や後片付けで多くの水を使うが、「1ポリ袋　2ラップフィルム　3アルミホイル」を利用すればかなり節水できる。これまでの内容もおさらいしながら要点をチェック。

■食器にラップやホイルを敷いて使う

ラップを敷いた上に料理を乗せれば器が汚れず、ラップごと処分すれば水洗いは不要。使い捨ての食器も繰り返し使える。同じ要領でアルミホイルも役立つ。

■調理したポリ袋ごと器にかぶせる

「お湯ポチャ」などのポリ袋調理なら、ポリ袋ごと食器にかぶせて食べれば食器は汚れない。ポリ袋は活躍の場が多いので、大小サイズを取り揃えておくと便利。

■フライパンにアルミホイルを敷いて調理する

フライパンやホットプレートを使うとき、アルミホイルなどを敷き、材料を乗せて焼けば油汚れやこびりつきが防げる。揚げ物、炒め物はできるだけ避けることも洗い物を減らす基本。

■新聞紙の出番を増やし、汚れのふき取りにも活用する

テッシュペーパーやキッチンペーパーを節約したいとき、役立つのが新聞紙。調理器具や　食器の汚れを新聞紙でよくふき取っておくと節水できる。

以上、いざというとき安全においしく食べつなぐため、ご紹介した内容を参考に、各家庭で「緊急時のごはん計画」をたててみてはいかがだろう。

付録　おいしいネタのおさらい帖

ここでちょっと復習。本書のしめくくりに、
各章から頭に入れておきたい要点だけを
ピックアップした。一生使えるワザと知識を
しっかり身につけて、実践にいかそう！

1

「バージンオリーブオイル」は、100パーセント天然の一番搾り、「ピュアオリーブオイル」は、バージンオリーブオイルと精製オリーブオイルのブレンド、「エキストラ・バージンオリーブオイル」は、バージンオリーブオイルの最高級品。

▼加熱調理ならピュア、生の味ならエキストラ・バージンがおすすめ。

2

「消費期限」は「安全に食べられる」期限の目安で、いたみやすい食品に表示される。「賞味期限」は「おいしく食べられる」期限の目安で、比較的いたみにくい食品に表示される。

▼これはもちろん、未開封で正しく保存した場合に限る。

3

鮮度が見てすぐわかる野菜や果物、長期保存してもほとんどいたまないアイスクリームや砂糖は、賞味期限の表示がない。

▼アイスクリームはマイナス18℃以下で保存することが原則。

4

「豚と牛の「バラ肉」は、あばら骨周辺の胸からおなかにかけて、「ロース」は背中の中央、「ヒレ」は背中からおなかの中間あたりの肉。「スペアリブ」は、豚肉の骨付きバラ肉のこと。

▼脂肪が多いのはバラ、やわらかくてコクがあるのはロース、いちばんやわらかく脂肪が少ないのは「ヒレ」。

5

牛肉の「リブロース」は、背中の真ん中あたりの肉。その後方に「サーロイン」、その隣の腰の後方に「ランプ」がある。

▼どれもやわらかく、うまみたっぷり。ステーキにもよく合う。

6

新鮮な一尾魚は、目が澄んで輝きがあり、黒目がはっきりしている。おなかや尾にピンとハリがあれば文句なし。

▼目が白く濁っていたり、赤みがあれば鮮度が落ちている証拠。

7

脂ののった一尾魚は引き締まった小顔で、背中が盛り上がっている。

▼全体のバランスで見て、顔が小さいかどうかが「脂の量」のチェックポイント。

8

マグロをサクで買うなら、白い筋目に注目。平行か斜め線で筋の間隔が広ければ○、U字やV字型で幅の狭いものは×。

▼ツヤや透明感も良質のサインだ。

9

ヘタが青々としてピンと反り返ったイチゴは甘くておいしい。

▼赤色が鮮やかで、表面のつぶつぶ（種）がはっきりしていれば申し分なし。

10

カレーやシチューなど、煮込み料理に合うじゃがいもはメークイン、ポテトサラダなら男爵がおすすめ。

▼煮くずれしにくいのがメークイン、煮くずれしやすいのが男爵。

11

同じ小麦粉で作る麺のうち、「素麺」は直径1・3㎜未満、「冷麦」は直径1・3㎜以上、1・7㎜未満のものを指す。直径1・7㎜以上の麺は「うどん」。

▼細い順に、素麺↓冷麦↓うどん。

12

冷凍食品の未開封での賞味期限は約1年。ただし、できるだけ早く2〜3カ月で食べきってしまうのが理想。

▼賞味期限内でも、霜が多くついたもの、ぱさぱさになったものは要注意。

13

「とろけるチーズ」と「とろけないチーズ」の違いは、製造過程のかきまぜ方の違い。

▼ゆっくりかき混ぜて作るのがとろけるチーズ、激しくかき混ぜて作るのがとろけないチーズ。

14

トマトを裏ごしして濃縮したものが「トマトピューレ」、濃縮トマトにタマネギやニンニクなどを加えたものが、味付きの「ケチャップ」。

▼トマトピューレをさらに濃縮すると「トマトペースト」になる。

15

大豆をまるごと仕込んで作るのが「丸大豆しょうゆ」、その他のしょうゆは、大豆から油を搾った「脱脂加工大豆」を原料にしている。

▼味の違いは、丸大豆が「まろやか」で、脱脂加工大豆は「すっきり」。

16
薄切り肉は、水をひと振りしてから包丁を手前に引いて切るといい。
▼切る前に少し凍らせることも、切れ味をよくするコツ。

17
タマネギを切るとき涙を出にくくするなら、①冷蔵庫で10分冷やす、②水の中で皮をむく、③切れ味のいい包丁を使う。
▼涙の原因物質＝硫化アリルの流出を抑える、溶かす、でうまくいく。

18
タマネギは繊維に沿って「縦」に切るとシャキッとした食感、繊維に対して「横（直角）」に切るとなめらかな食感になる。
▼横に切ると辛み成分が抜けやすく、甘味が際立ってくる。

19
スイカはいちばん甘い中心部が入るように放射状にカットする。
▼これで、各ピースに甘さが均等にゆきわたる。

20
アサリの砂抜きは塩水で、しじみは真水で行う。
▼それぞれの貝の棲む環境に近づけると砂出しがスムーズに。

21

切り身魚は、うま味が逃げないように洗わずに使う。

▼汚れが気になるなら、さっと洗い流し、ペーパータオルで拭き取る程度に。

22

包丁の「みね（峰）」とは、背の部分。刃とみねの間は「腹」、刃の先端部は「切っ先」と呼ぶ。

▼みねは、ステーキ肉をたたいたり、ごぼうの皮をこそげ取るときなどに使う。

23

硬いものは包丁を向こう側に押しながら切る、やわらかいものは手前に引くように切る。

▼ごぼうは押して、刺身は引いて切るとうまくいく。

24

似ているけれど違う「少々」と「ひとつまみ」。「少々」は、親指と人差し指でつまんだ量、「ひとつまみ」は、親指と人差し指に中指を加えてつまんだ量。

▼つまり、「ひとつまみ」のほうが「少々」より中指1本分だけ多めになる。

25

「卵1個」は約50gで、「小さめのじゃがいも1個」や「里いも1個」とほぼ同じ分。

▼「倍の100gは卵2個分程度」と覚えておけば、目ばかりの基準になる。

26

「ひたひたの水」は材料の頭が水面からのぞく程度、「かぶるくらい」は、材料全体がぎりぎり浸って隠れる程度、「たっぷり」は、全体がすっかり浸る量。

▼野菜を煮るのに適しているのは「ひたひたの水」。

27

鍋やフライパンの底全体に炎が当たるのが「強火」、鍋底に炎の先端が当たるか当たらないかのスレスレが「中火」、コンロのガスの穴と鍋底の間に炎の先端がある状態が「弱火」。

▼「とろ火」は弱火よりさらに弱く、やっと火がついている状態をいう。

28

「ひと煮立ち」の「一（ひと）」とは、煮立ってから一呼吸ほどの約30秒。

▼つまり、材料を入れて温度が下がった湯が再沸騰するまでの

時間。

29

「湯通し」は材料をさっと熱湯にくぐらせて油を洗うこと、「ゆがく」は葉物野菜などを沸騰した湯にさっと通すこと、「ゆでる」はしっかり火を通すこと。

▼いちばんの最短コースは「湯通し」。

30

「しょうが1片」は、親指の頭大の大きさで、約20g。「ニンニク1片」は一房のことで、約10g。

▼ニンニクは、一房が大きめなら少しカットし、小さめなら少し足して量を調節する。

31

和食の味つけは「さしすせそ」、つまり「さ=砂糖、し=塩、す=酢、せ=しょうゆ、そ=みそ」の順に調味料を入れる。

▼材料をじっくり煮込むときは、特に「さ」と「し」の順番を厳守する。

32

みそ汁一人分のみその量は、汁椀一杯に対し「大さじ1」が目安。

▼みそは鍋から火をおろす直前に溶き入れ、ぐらっときたらすす

ぐ火を止める。

33

カレーを煮込みすぎてしまっても、水を足すのはNG。

▼固形スープなら、うま味を逃さずおいしいカレーが復活。

34

「細切り」の目安は長さ4～7㎝、太さ2～3㎜、「千切り」は、長さは同じでも太さ1～2㎜。

▼つまり、細切りより千切りのほうがより細くなる。

35

ステーキを焼くときは、調理の30分～1時間前に冷蔵庫から肉を出して室温に戻し、2～3分前に塩・こしょうをふる。

▼これで焼きムラがなくなり、肉汁も逃さず、おいしく焼ける。

36

オムレツや卵焼きをふっくら仕上げるなら砂糖をひとつまみ加えるといい。

▼逆に、塩を入れた卵料理は、身がしまった食感になる。

37

ゆで卵を好みの固さにするゆで時間の目安は、沸騰後、「固ゆで卵」なら10分、「半熟卵」は4分、「ちょっと固めの半熟卵」は6～7分、黄身がトロトロの「半熟以前の卵」は3分。

▼沸騰後に少し火を弱めることを忘れないように。

38

サクで買った刺身を切るコツは、①引いて切る、②刃全体を使って切る、③赤身魚は厚め、白身魚は薄めに切る。

▼この3つのワザで、板前さんの仕上がりに近づく。

39

魚を焼くときは、20～30分前に小さじ1/2弱程度の塩をふる。

▼生臭さが取れ、うま味も引き立つ。

40

魚焼グリルで魚を焼くときは、頭を奥、焦げやすい尾を手前にする。

▼グリル内は、奥の方が温度が高くなることを覚えておこう。

41

割れないハンバーグを作るには、粘り気が出るまで100回はこね、空気を抜くためのキャッチボールを8回ほど行う。

▼手にサラダ油少々をつけて両手で投げ合うのがコツ。

42
ステーキは表にする方を下にして強火でじゅっと焼き、1度だけひっくり返す。

▼強火かつ短時間でさっと仕上げるとジューシーに仕上がる。

43
魚を焼くときも、盛り付けたとき表になるほうが先。ひっくり返すのは1度だけに。

▼一尾魚なら頭が左に来る面を先に焼けばいい。

44
肉じゃがなどの煮物は、煮たあと一度冷ますと味がしみておいしくなる。

▼食べる直前に温め直して食卓へ。

45
ハンバーグのひき肉の黄金比率は「牛肉7対豚肉3」か「牛肉6対豚肉4」。

▼豚肉の割合が多い方がやわらかい食感になる。

46
「常温保存」の温度の目安は15～25℃。「冷暗所で保存」とあったら、1年を通して常温以下に保たれる、暗くてひんやりした場所に置く。

▼適した場所がなければ「冷蔵庫の野菜室」でもＯＫ。

47

卵料理の中で、薄焼き卵、オムレツ、炒り卵などは、冷凍保存でもOK。ゆで卵は×。

▼冷凍した卵料理を使うときは、冷蔵庫で自然解凍する。

48

葉物野菜は、根を下にしてできるだけ立てて保存する。

▼畑に生えているときの格好に近づけると鮮度が長持ち。

49

開封後のしょうゆの賞味期限は約1カ月で、冷蔵庫で保存するのが原則。

▼空気に触れると酸化が進むので、フタをしっかり締めることも大事。

50

うまみを封じ込めるフリージングの法則は、「薄く、平たく、小さく、早く」。そして、できるだけ早く食べ切るように。

▼フリージングした肉や魚の消費期限は3週間から1カ月。

51

「開封後はなるべくお早めに」の「早め」とは、ソース、マヨネーズ、ケチャップなら1カ月程度。さらっとしたウスターソースなら2カ月は大丈夫。

▼これはもちろん、冷蔵庫で保存した場合の目安だ。

52
パスタをおいしそうに盛り付けるなら、こんもり高さを出し、ひねりを入れる。

▼冷やし中華やぶっかけそうめんなども、中心を高く盛る。

53
和食の盛り付けは「大きいものが奥、小さいものが手前」、洋食は逆で「大きいものが手前、小さいものは奥」。

▼和食も洋食も、つけ合わせはちょっと右寄りだとバランスがいい。

54
料理と器の余白の比率は「6対4」がちょうどいい。

▼器の周辺に十分な余白があると、おいしそうに見える。

55
丸いものは四角い皿に、四角いものは丸い皿に盛ると料理が引き立つ。

▼料理と器が直線同士や曲線同士だと、無造作な印象になりやすい。

56
ごはんとみそ汁の並べ方のルールは「みそ汁が右、ごはんが左」。

▼箸はごはんとみそ汁の手前に、箸先を左に向けてヨコに置く。

57
ステーキを盛り付けるとき、「脂身がある方は奥、幅の広い方は左」に。
▼食べるときは、左手前の大きい方から切り分けて行く。

58
一尾魚を皿に盛るときは「頭が左、尾が右、腹が手前」が和食のルール。
▼例外のかれいは、目のある方を上にするので、頭は右になる。

59
お茶とお菓子を出すときは「お茶が右、お菓子が左」が正しい。
▼お菓子はやや手前に置くと食べやすくなる。

60
刺身は5切れや7切れなど、「奇数単位」で盛るのが和食のルール。
▼盛り合わせも「3種盛り」や「5種盛り」など奇数を意識する。ただし「9」は「苦しむ」の意味でタブー。

61
お好み焼きをひっくり返すときは、生地の真横から2枚のへらを差し込み、手首のスナップを利かせる。
▼ヘラを斜めの角度から入れると生地がくずれやすくなる。

62 幕の内弁当の食べ順は、会席料理のコースの流れに倣う。

▼初めに前菜や刺身、次に焼き物、揚げ物などに箸を運び、おかずとごはんを交互に食べるとバランスがいい。

63 後片付けは、汚れの少ない食器から洗い、小さいものから順にすすぐ。

▼初めに汚れの少ない食器と多い食器を分けておくと、あとがラク。

64 西洋料理を切り分けるときは「左側から」が原則。

▼メインとつけ合わせの野菜を交互に食べ、同時くらいに食べ終わるのが理想。

65 食べ物の汁がこぼれそうなとき、手皿は×で、小皿は○。

▼小皿を使うときは、口を器に近づけるのではなく、器を顔のほうに近づける。

66 カクテルについてくるマドラーは、かきまぜたら取り出す。

▼取り出したらコースターの上や紙ナプキンの上に置く。

67

ワイングラスを持つときは「ステム」（細い脚の部分）をつまむようにする。

▼グラスを置くときは、必ずテーブルの右側に。

68

食べ終わった皿は重ねず、店の後片付けには手を出さない。

▼ナイフは刃を内側、フォークを上向きにして、皿の右斜め下に揃える。

69

四角いケーキは左から、三角のケーキはとがった方から、丸いケーキは手前から食べるとエレガントな印象に。

▼形がくずれそうになったら、倒して食べてかまわない。

70

日本料理では、右のものは右手で、左のものは左手で取る。遠くのものは近くの人に頼んで取ってもらう。

▼右にあるものを左手、左にあるものを右手で取るのは「袖越し」といい、和食ではタブー。

71

割り箸を割るとき、箸はヨコに持ち、扇を開く要領で上下に割る。

▼ひざ上あたりで目立たないように割ると品がいい。

72 箸置きに箸を置くとき、箸先は2〜3㎝出しておくのがマナー。

▼汚れた箸の先端を直に箸置きにつけてはいけない。

73 ちらし寿司はネタとごはんを交互に食べるのが正しい。

▼まずネタの一つにワサビをのせ、しょうゆをつけて食べる。次にネタの下の寿司めしを食べる。

74 魚の姿焼きの食べ順は、「上身の頭に近い背のあたり→おなか→尾の方→次に、下身の左から右へ」箸を入れる。

▼魚の位置は変えず、中骨をはずしてから下身を食べる。

75 焼き魚に添えられたはじかみは、魚を食べ終えてから口に入れる。

▼最後に食べると、口の中の生臭さが解消できる。

76 そばを食べるときは、そばの先1/3〜半分程度までそばつゆをつける。

▼つゆをつけたら、そばを一気にすすり、2〜3回かんで呑み

込む。

77

フタつきの器のフタをはずすとき、右側にある器のフタは膳の右外、左側にある器のフタは膳の左外に置く。

▼開けたフタは必ず内側を上に向けて置き、しずくがたれないように注意。

78

中国料理で手に持っていい食器は、①箸　②チリレンゲ　③ごはん茶碗の三つだけ。

▼料理の汁がこぼれそうになったら、一度レンゲに入れてから。

79

チリレンゲは、柄のくぼみに人差し指を当て、親指と中指ではさんで持つ。

▼スープは手前からすくい、口の前でチリレンゲをタテにして飲む。

80

スープパスタは、フォークとスプーンを持ち替えながらパスタとスープを別々にいただく。

▼右手にフォーク、左にスプーンを持ったまま食べるのは×。

■参考文献

『料理のコツ解剖図鑑』（豊満美峰子監修／サンクチュアリ出版）／『料理上手の基礎知識　青果店「築地御厨」直伝　野菜の選び方、扱い方』（内田悟著／中央公論新社）／『内田悟のやさい塾　旬野菜の調理技のすべて　保存版　春夏』（内田悟著／メディアファクトリー）／『内田悟のやさい塾　旬野菜の調理技のすべて　保存版　秋冬』（内田悟著／メディアファクトリー）／『知ってうれしい料理の裏ワザ３２３　プロの味！　編』（料理の達人倶楽部／ＫＫロングセラーズ）／『とっさのときに困らない　大人の食べ方＆マナー１００』（小倉朋子監修／講談社）／『レシピじゃわからない料理の知恵』（樋口秀子監修／小学館）／『服部幸應の料理のジョーシキ・ヒジョーシキ』（服部幸應監修／主婦と生活社）／『賞味期限がわかる本』（徳江千代子監修／宝島社）／『差がつく料理の基礎知識』（久保香菜子監修／枻出版社）／『新装版「こつ」の科学』（杉田浩一著／柴田書店）／別冊すてきな奥さん『今さら恥ずかしくて人に聞けないコトをズバリ解決!!　ＶＯＬ．３　料理編』（主婦と生活社）／『知れば知るほどおいしくなる食材の雑学大王』（森泉麻美子、戸木法子著／日本実業出版社）／『野菜がクスリになる50の食べ方』（池田弘志編著／小学館）／『ｎｏｎｎｏ　お料理基本大百科』（集英社）／『調理以前の料理の常識』（渡邊香春子著／講談社）／『調理以前の料理の常識2』（渡邊香春子著／講談社）／『調理以前の料理のギモン』（渡邊香春子著／講談社）／『ＮＨＫためしてガッテン』（ＮＨＫ科学番組部編／日本放送出版協会）／『ＮＨＫためしてガッテン②』（ＮＨＫ科学番組部編／日本放送出版協会）／『ＮＨＫためしてガッテン⑤』（ＮＨＫ科学・環境番組部編／日本放送出版協会）／『ＮＨＫためしてガッテン⑧』（ＮＨＫ科学・環境番組部編／日本放送出版協会）／『料理の科学　おいしさの秘密』（落合敏監修・佐藤雅美著／ナツメ社）／別冊宝島四三六号『食材の〝常識〟が変わる本』（宝島社）／『図解　衣食住〔きまりごと〕百科』（主婦と生活社）／『人気料理をおいしくするコツ』（河野友美著／旭屋出版）／『イラスト版　暮らしの便利ノート』（双葉社・企画開発室＋鈴木陽子編／双葉社）／『大切な食べものを無駄にしない本　疑問すっきり・食品保存マニュアル』（ベターホーム協会編／ベターホーム協会）／『料理の知恵とコツ５００』（主婦と生活社編／主婦と生活社）／『だれも教えなかった料理のコツ』（有元葉子著／筑摩書房）／クロワッサン家庭科１『料理の基本の基本』（マガジンハウス）／『これでわかった！　おいしい食材選びのコツ１００』（カルチャーランド著／メイツ出版）／『キッチンの必需品！　食材の下ごしらえと保存』（世界文化社）／『読めばますます旨くなる！　カレーの雑学』（井上岳久編著／日東書院）／『みんな大好き！　基本のたまご料理』（竹村章子、山下信子著／成美堂出版）／『岸朝子の味つけのキホン』（岸朝子著／山海堂）／『くらしに役立つ食品表示ハンドブック　全国食品安全自治ネットワーク版　第２版』（全国食品安全自治ネットワーク食品表示ハンドブック作成委員会編／群馬県）／『あっぱれ！アボカド』（地球丸）／『料理の裏ワザ便利帳　クッキングの基礎知識から、とっておきのコツまで』（宗像伸子監修／ＰＨＰ研究所）／『イタリア料理の基本　LA CUCINA ITALIANA』（片岡護著／新星出版社）／『いまさら聞けない料理のイロハ』（栗山真由美著／技術評論社）／『炊飯器ひとつで！　たちまちＣｏｏｋｉｎｇ』（岩崎啓子著／河出書房新社）／『ＮＨＫためしてガッテン　食の知恵袋事典』（ＮＨＫ科学・環境番組部編、季刊「ＮＨＫためしてガッテン」編集班編／アスコム）／

『ＮＨＫためしてガッテン・レシピ集４　15分ですぐに作れる簡単アイデア・メニュー』（ＮＨＫ科学番組部編著／アスキー）／生活実用シリーズ『ＮＨＫためしてガッテン食材読本　健康パワーとうまみ大研究』（ＮＨＫ科学・環境番組部編／日本放送出版協会）／『ＮＨＫためしてガッテン　定番の裏ワザ「和食」』（ＮＨＫ科学・環境番組部編／アスコム）／『ＮＨＫためしてガッテン　定番の裏ワザ「洋食＆イタリアン」』（ＮＨＫ科学・環境番組部編／アスコム）／『ＮＨＫためしてガッテン　定番の裏ワザ「中国料理＆エスニック」』（ＮＨＫ科学・環境番組部編／アスコム）／『ＮＨＫためしてガッテン・レシピ集３　裏ワザでこんなにおいしい定番メニュー』（ＮＨＫ科学番組部編著／アスキー）／『味つけの法則』（婦人之友社編集部編／婦人之友社）／『知識ゼロからのシャンパン入門』（弘兼憲史著／幻冬舎）／『だれも教えてくれなかった　料理のギモン調理のコツ』（主婦の友社）／『料理の裏ワザ知っ得メモ　ベストセレクト２００』（主婦の友社）／『おいしさを作る「熱」の科学』（佐藤秀美著／柴田書店）／『調理のきほん食の常識』（岡山晄生著／グラフ社）／『料理の手ほどき、基本のき』（掘江ひろ子監修／学習研究社）／『西洋料理のコツ』（的場輝佳、西川清博、加藤万紀子著／学習研究社）／『知って得するキッチンの知恵３６６日』（本多京子監修／家の光協会）／『Ｑ＆Ａ野菜の全疑問』（高橋素子著、篠原温監修／講談社）／『料理のことばがわかる本』（久保香菜子監修、ＮＨＫ出版編／日本放送出版協会）／『料理のコトバがわかる本』（アスペクト）／『プロに学ぶ料理の極意』（小学館）／『グルメ以前の食事作法の常識』（小倉朋子著／講談社）／『接待以前の会食の常識』（小倉朋子著／講談社）／『箸づかいからはじめる「和食のきれい」マナー』（近藤珠實監修／オレンジページ）／『これで解決！　大人のテーブルマナー』（主婦の友社編／主婦の友社）／『誰も教えない　食事のマナー』（岩下宣子監修／枻出版社）／『魅せる・見とれる　食事マナー』（遊食倶楽部編／同文書院）／『素敵に魅せるテーブルマナー』（松本繁美監修／日本文芸社）／『災害時に役立つ　かんたん時短、「即食」レシピ　もしもごはん』（今泉マユ子著／清流出版）／『「もしも」に備える食　災害時でも、いつもの食事を』（石川伸一・今泉マユ子著／清流出版）／『「もしも」のときに役立つ！　防災クッキング１　電気・ガスが止まったときに役立つレシピ』（今泉マユ子著／フレーベル館）／『「もしも」のときに役立つ！　防災クッキング２　水道が止まったときに役立つレシピ』（今泉マユ子著／フレーベル館）／『必ず役立つ震災食』（公益社団法人　石川県栄養士会編著／北國新聞社）／『ＯＲＡＮＧＥ　ＰＡＧＥ　ＢＯＯＫＳ　ローリングストックで！　防災にそなえるレシピ』（オレンジページ）／『おかあさんと子どものための防災＆非常時ごはんブック』（草野かおる著・木原実監修／ディスカヴァー・トゥエンティワン）／『朝日新聞』／『ｄａｎｃｙｕ』／『ＦＬＡＳＨ』／『サライ』／『ＮＨＫ生活ホットモーニング』／『Ｏｚｍａｇａｚｉｎｅ』／『ＭＯＲＥ』／『ＳＰＡ！』／『ＬＥＥ』／『Ｗｉｔｈ』／『クロワッサン』／『女性セブン』／『週刊女性』／『シュシュ』／『主婦の友』／『からだにいいこと』／『レタスクラブ』／『オレンジページ』／『潮』／『微笑』／『ステラ』／『サンデー毎日』／『Ｐｅｎ』／『パンプキン』／『モノ・マガジン』ほか、関連のウェブサイトを参考にさせていただきました。

※本書は『知ってるだけで一生得する料理の裏ワザ・基本ワザ大全』（小社刊／2015年）、『知ってるだけで一生使える「食べ物」の裏ネタ帖』（同／2008年）、『天才の食卓』（同／2003年）、『ふしぎな感覚ゲーム』（同／1998年）に新たな情報を加え、改題の上、再編集したものです。

青春文庫

〝自己流《じこりゅう》〟より断然《だんぜん》おいしい！

「食《た》べ物《もの》」のトリセツ

材料選《ざいりょうえら》びから、料理《りょうり》の裏《うら》ワザ、プロのコツまで

2024年 1月20日　第1刷

編　者　話題《わだい》の達人倶楽部《たつじんくらぶ》

発行者　小澤源太郎

責任編集　株式会社プライム涌光

発行所　株式会社青春出版社

〒162-0056　東京都新宿区若松町 12-1
電話 03-3203-2850（編集部）
03-3207-1916（営業部）
振替番号　00190-7-98602

印刷／中央精版印刷
製本／フォーネット社

ISBN 978-4-413-29843-8

ほんとうのあなたに出逢う　青春文庫

数字に強い人のすごい考え方

頭のいい人がモノを判断するときに、一番大事にしていること——。この〝数字の感覚〟があれば、もっと快適に生きられる！

話題の達人倶楽部［編］

(SE-839)

歴史の歯車をまわした
発明と発見
その衝撃に立ち会う本

新しい〝世界〟が誕生する瞬間とは？読めば、人類の歩みを〝追体験〟して、未来が見えてくる！

おもしろ世界史学会［編］

(SE-840)

9割が答えに詰まる
日本史の裏面

日本史の舞台裏で起きたこと、すべて集めました。「謎解き」を通して、歴史の醍醐味をとことん味わう本

歴史の謎研究会［編］

(SE-841)

読み出したらとまらない
世界史の裏面

舞台裏から見ると、歴史はもっと深くなる——。躍動する人間ドラマを知ると、大人の教養が自然と身につく。

歴史の謎研究会［編］

(SE-842)